CADERNO DE ATIVIDADES

4

Organizadora: Editora Moderna

Obra coletiva concebida, desenvolvida e produzida pela Editora Moderna.

Editora Executiva:
Mara Regina Garcia Gay

NOME: ....
.... TURMA: ....
ESCOLA: ....
....

1ª edição

© Editora Moderna, 2019

Elaboração de originais:

Diana Maia de Lima
Mestre em Educação Matemática pela Pontifícia Universidade Católica de São Paulo. Licenciada em Matemática pela Fundação Santo André. Editora.

Renata Martins Fortes Gonçalves
Mestre em Educação Matemática pela Pontifícia Universidade Católica de São Paulo. Especialista em Gerenciamento de Projetos (MBA) pela Fundação Getulio Vargas de São Paulo. Bacharel em Matemática com ênfase em Informática pela Fundação Santo André. Editora.

Mara Regina Garcia Gay
Bacharel e licenciada em Matemática pela Pontifícia Universidade Católica de São Paulo. Professora em escolas públicas e particulares de São Paulo, por 17 anos. Editora.

Coordenação editorial: Mara Regina Garcia Gay
Edição de texto: Ofício do Texto Projetos Editoriais
Assistência editorial: Ofício do Texto Projetos Editoriais
Leitura técnica: Patrícia Felipe
Gerência de *design* e produção gráfica: Everson de Paula
Coordenação de produção: Patricia Costa
Suporte administrativo editorial: Maria de Lourdes Rodrigues
Coordenação de *design* e projetos visuais: Marta Cerqueira Leite
Projeto gráfico: Adriano Moreno Barbosa, Daniel Messias, Mariza de Souza Porto
Capa: Bruno Tonel
  Ilustração: Raul Aguiar
Coordenação de arte: Wilson Gazzoni Agostinho
Edição de arte: Teclas Editorial
Editoração eletrônica: Teclas Editorial
Coordenação de revisão: Elaine Cristina del Nero
Revisão: Ofício do Texto Projetos Editoriais
Coordenação de pesquisa iconográfica: Luciano Baneza Gabarron
Pesquisa iconográfica: Ofício do Texto Projetos Editoriais
Coordenação de *bureau*: Rubens M. Rodrigues
Tratamento de imagens: Fernando Bertolo, Joel Aparecido, Luiz Carlos Costa, Marina M. Buzzinaro
Pré-impressão: Alexandre Petreca, Everton L. de Oliveira, Marcio H. Kamoto, Vitória Sousa
Coordenação de produção industrial: Wendell Monteiro
Impressão e Acabamento: NB Impress
Lote 781.345
Cod 12117894

Dados Internacionais de Catalogação na Publicação (CIP)
(Câmara Brasileira do Livro, SP, Brasil)

Buriti plus : matemática : caderno de atividades / organizadora Editora Moderna ; obra coletiva concebida, desenvolvida e produzida pela Editora Moderna ; editora executiva Mara Regina Garcia Gay. – 1. ed. – São Paulo : Moderna, 2019.

Obra em 5 v. para alunos do 1º ao 5º ano.

1. Matemática (Ensino fundamental) I. Gay, Mara Regina Garcia.

19-24816   CDD-372.7

Índices para catálogo sistemático:
1. Matemática : Ensino fundamental 372.7

Maria Alice Ferreira — Bibliotecária — CRB-8/7964

ISBN 978-85-16-11789-4 (LA)
ISBN 978-85-16-11790-0 (LP)

Reprodução proibida. Art. 184 do Código Penal e Lei 9.610 de 19 de fevereiro de 1998.
Todos os direitos reservados
EDITORA MODERNA LTDA.
Rua Padre Adelino, 758 – Belenzinho
São Paulo – SP – Brasil – CEP 03303-904
Vendas e Atendimento: Tel. (0_ _11) 2602-5510
Fax (0_ _11) 2790-1501
www.moderna.com.br
2023
Impresso no Brasil

1 3 5 7 9 10 8 6 4 2

CARO(A) ALUNO(A)

Fizemos este *Caderno de Atividades* para reforçar e explorar ainda mais seus conhecimentos em Matemática.

Aqui você vai encontrar atividades variadas, distribuídas em oito unidades, da mesma forma que no seu livro.

No início de cada unidade, na seção **Lembretes**, há um resumo dos pontos principais, e no fim há a seção **Quebra-cuca**, para você se divertir enquanto aprende. Confira!

Os editores

Sumário

Unidade 1 — Sistemas de numeração decimal

- Lembretes 5
- Tema 1 • Números 6
- Tema 2 • Mais números 9
- Compreender informações 13
- Quebra-cuca 13

Unidade 2 — Adição e subtração

- Lembretes 14
- Tema 1 • Estratégias de cálculo 15
- Tema 2 • Propriedades e relações 21
- Compreender informações 24
- Quebra-cuca 24

Unidade 3 — Geometria

- Lembretes 25
- Tema 1 • Figuras geométricas não planas 26
- Tema 2 • Ângulos e polígonos 29
- Compreender informações 33
- Quebra-cuca 33

Unidade 4 — Multiplicação e divisão

- Lembretes 34
- Tema 1 • Multiplicação 36
- Tema 2 • Divisão 43
- Compreender informações 49
- Quebra-cuca 49

Unidade 5 — Grandezas e medidas

- Lembretes 50
- Tema 1 • Medidas de comprimento 51
- Tema 2 • Medida de superfície 55
- Tema 3 • Medidas de temperatura 57
- Compreender informações 59
- Quebra-cuca 59

Unidade 6 — Frações e números na forma decimal

- Lembretes 60
- Tema 1 • Frações 62
- Tema 2 • Números na forma decimal 67
- Compreender informações 76
- Quebra-cuca 76

Unidade 7 — Mais grandezas e medidas

- Lembretes 77
- Tema 1 • Medidas de tempo 78
- Tema 2 • Medidas de massa 82
- Tema 3 • Medidas de capacidade 84
- Compreender informações 85
- Quebra-cuca 85

Unidade 8 — Mais Geometria

- Lembretes 86
- Tema 1 • Localização e movimentação 87
- Tema 2 • Simetria 91
- Compreender informações 95
- Quebra-cuca 96

Lembretes

UNIDADE 1 — Sistema de numeração decimal

Alguns números romanos

I	III	VI	IX	X	XIV	XL	L	C	D	M
1	3	6	9	10	14	40	50	100	500	1 000

O sistema de numeração decimal

O sistema de numeração decimal é chamado de indo-arábico.
Os símbolos desse sistema, chamados de algarismos, são:

0	1	2	3	4	5	6	7	8	9

Valor posicional

centenas de milhar	dezenas de milhar	unidades de milhar	centenas	dezenas	unidades
2	3	1	8	4	1

231 841 = 200 000 + 30 000 + 1 000 + 800 + 40 + 1
A ordem de grandeza do número 231 841 é das centenas de milhar.
Lemos ▶ Duzentos e trinta e um mil oitocentos e quarenta e um.

Arredondamentos

Para a centena mais próxima: 678 ▶ 700
Para a unidade de milhar mais próxima: 5 891 ▶ 6 000
Para a dezena de milhar mais próxima: 23 579 ▶ 20 000

Comparações

Menor que
21 518 < 21 620
84 540 < 96 780
15 956 < 35 999

Maior que
92 701 > 91 514
76 970 > 76 760
15 956 > 10 999

Cinco

Sistema de numeração indo-arábico

1 Responda às questões.

a) Escreva os 10 símbolos do sistema de numeração indo-arábico.
_____

b) Qual é o maior número que podemos formar com dois algarismos? _____

c) Qual é o menor número que podemos formar com três algarismos? _____

d) Qual é o maior número que podemos formar usando os algarismos 7, 0, 9 e 4 sem repeti-los? _____

e) Quais números podemos formar usando os algarismos 3, 5 e 7 sem repeti-los?
_____

2 Escreva o número representado em cada ábaco. Lembre-se de que:
UM – unidade de milhar, **C** – centena, **D** – dezena e **U** – unidade.

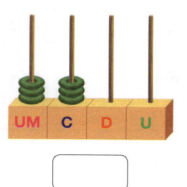  

- Agora, represente no ábaco o maior número que podemos formar com quatro algarismos iguais. Depois, registre-o.

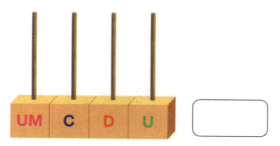

3 Marcos vende copos descartáveis por centena.

Um de seus clientes encomendou 7 centenas de copos. Quantas unidades de copos descartáveis Marcos deverá entregar para esse cliente? _____

Tema 1 | Números

Valor posicional

1 Decomponha os números considerando o valor posicional de cada algarismo.

a) 823 = _____ + _____ + _____

b) 3 861 = _____ + _____ + _____ + _____

c) 5 579 = _____ + _____ + _____ + _____

2 Responda às questões.

a) Qual é o maior número que podemos formar com 3 algarismos? _____

b) Qual é o menor número que podemos formar com 3 algarismos diferentes? _____

c) Qual é o maior número que podemos formar com 3 algarismos diferentes? _____

3 Componha cada número escrevendo-o apenas com algarismos.

a) 4 unidades de milhar, 2 centenas, 5 dezenas e 1 unidade ▶ _____

b) 8 centenas e 1 unidade ▶ _____

4 Escreva o valor do dígito 7 em cada número.

a) 173 ▶ _____

b) 725 ▶ _____

c) 7 521 ▶ _____

d) 3 267 ▶ _____

5 Observe os números nos quadros abaixo e classifique cada frase em verdadeira (V) ou falsa (F).

A	1783

B	3871

C	7318

D	8731

☐ O número do quadro D é o maior de todos.

☐ Decompondo o número do quadro C, obtemos 700 + 30 + 10 + 8.

☐ O número do quadro B é maior que o do A.

Sete 7

Tema 1 | Números

Sistema de numeração romano

1. Qual é o número indicado na fachada da escola? Escreva-o no sistema de numeração romano e no sistema de numeração decimal.

   _____

   Inscrições com números romanos na fachada da Escola Estadual Morais Barros, em Piracicaba, São Paulo, 2011.

2. Ligue cada número do sistema de numeração decimal com o correspondente número romano.

    9   3   7   22   200

    VII   III   XXII   IX   CC

3. Marque com X a forma correta de escrever cada número no sistema de numeração romano.

   a) 40 ▶ ☐ XXXX   ☐ XL
   b) 19 ▶ ☐ XIX   ☐ XVIIII
   c) 5 ▶ ☐ IIIII ☐ V
   d) 60 ▶ ☐ LX   ☐ LVV

4. Escreva cada número usando algarismos romanos.

   a) 200 ▶ _____
   b) 70 ▶ _____
   c) 28 ▶ _____
   d) 45 ▶ _____
   e) 720 ▶ _____
   f) 2 008 ▶ _____

5. Depois dos créditos de alguns filmes, o ano de produção aparece em algarismos romanos. Certo filme foi produzido em MCMLXXXIII. Em que ano esse filme foi produzido?

   _____

Oito

Tema 2 | Mais números

Dezena de milhar

1 Escreva os números por extenso.

a) 35 793 ▶ _____

b) 74 815 ▶ _____

c) 81 600 ▶ _____

d) 40 702 ▶ _____

2 Descubra a regra e complete as sequências.

a)
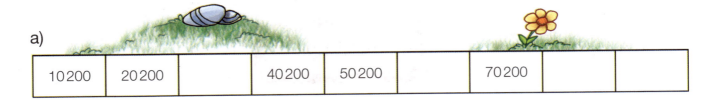

| 10 200 | 20 200 | | 40 200 | 50 200 | | 70 200 | | |

b)
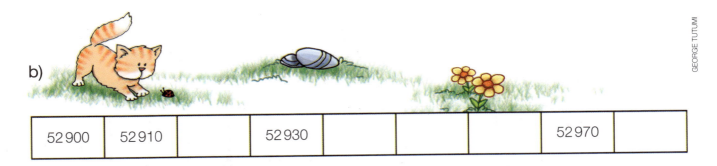

| 52 900 | 52 910 | | 52 930 | | | | 52 970 | |

3 Observe o valor de cada ficha e descubra o total de unidades da fila.

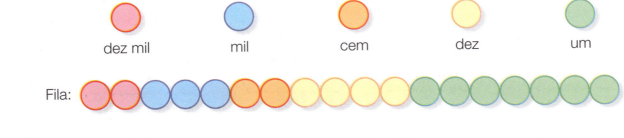

___2___ dezenas de milhar, _____ unidades de milhar, _____ centenas,

_____ dezenas e _____ unidades

__20 000__ + _____ + __200__ + _____ + _____ = _____

Nove

Números de cinco algarismos

1 Decomponha os números considerando o valor posicional de cada algarismo.

a) 235 918 = _____ + _____ + _____ + _____ + _____ + _____

b) 815 621 = _____ + _____ + _____ + _____ + _____ + _____

c) 203 912 = _____ + _____ + _____ + _____ + _____

d) 130 501 = _____ + _____ + _____ + _____

e) 351 600 = _____ + _____ + _____ + _____

2 Observe o número do quadro e faça o que se pede.

80 615

a) Decomponha esse número adicionando o valor posicional de cada algarismo.

_____ + _____ + _____ + _____ + _____

b) O número do quadro é igual a: _____ + 1

c) Represente o número 80 615 no quadro e no ábaco.

DM	UM	C	D	U

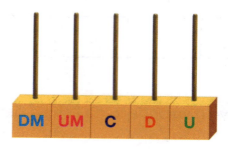

3 Ligue os números que, somados, formam uma dezena de milhar.

2 150   6 800   9 000   45 000   6 000

3 200   5 500   4 000   7 850   1 000

10 Dez

Comparações

1 Observe a tabela e responda.

Número de pacientes atendidos em 2018

Hospital	Número de pacientes
Nova Luz	16 368
Saúde Sempre	21 905
Atender	41 368
Grande Rei	21 899
Santo Antônio	18 541

Fonte: Associação dos hospitais

a) Qual dos hospitais atendeu mais pacientes em 2018? _____

b) Qual dos hospitais atendeu menos pacientes em 2018? _____

c) Escreva do menor para o maior o número de pacientes atendidos nesses hospitais.

_____

2 Complete com > (maior que) ou < (menor que).

a) 5 231 ____ 7 940

b) 39 501 ____ 39 491

c) 132 900 ____ 132 841

d) 245 502 ____ 245 509

e) 92 723 ____ 92 719

f) 157 800 ____ 157 799

- Agora, escreva todos esses números em ordem decrescente.

_____

_____

3 Leia as pistas e descubra qual é o número desconhecido.

Ele é um número com 4 ordens e é maior que 8 999.

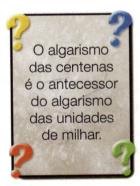

O algarismo das centenas é o antecessor do algarismo das unidades de milhar.

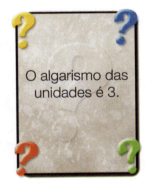

O algarismo das unidades é 3.

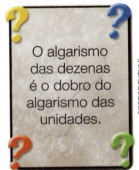

O algarismo das dezenas é o dobro do algarismo das unidades.

_____

Arredondamentos

Tema 2 | Mais números

1 Resolva o problema, arredondando os valores para a unidade de milhar mais próxima.

Uma fábrica de peças de automóveis produziu 8 325 para-lamas em janeiro e aproximadamente a metade dessa quantidade em fevereiro. O gerente da fábrica quer saber qual a quantidade aproximada de para-lamas produzidos nesses dois meses. Quantos foram?

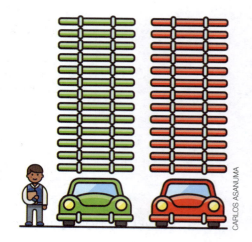

_____

Nesses dois meses foram produzidos, aproximadamente, _____ para-lamas.

2 Encontre a resposta da seguinte situação, arredondando os valores para a unidade de milhar mais próxima.

Para a maratona de São Pedro foram abertos dois dias de inscrições. No primeiro dia, foram realizadas 11 923 inscrições e, no segundo dia, 9 214 inscrições. Quantas inscrições, aproximadamente, foram feitas no total?

_____

Foram feitas, aproximadamente, _____ inscrições no total.

3 Calcule a resposta do seguinte problema, arredondando os valores para a centena mais próxima.

Carla depositou em sua conta um cheque no valor de novecentos e oitenta e quatro reais. Sua conta ficou com mil trezentos e vinte e sete reais. Quantos reais, aproximadamente, Carla tinha em sua conta antes do depósito do cheque?

_____

Antes do depósito, Carla tinha, aproximadamente, _____ reais em sua conta.

Compreender Informações

Na semana da criança, os alunos foram organizados em três grupos para participar de uma gincana. Veja quantas crianças participaram de cada brincadeira.

Grupo/Brincadeira	Corrida Maluca	Cabra-Cega	Ovo na Colher
Azul	25	26	28
Vermelho	22	22	21
Laranja	28	21	25

a) Na Corrida Maluca, qual era o grupo com o maior número de participantes?

b) Na brincadeira Ovo na Colher, qual dos grupos tinha menos participantes?

c) Em qual brincadeira havia grupos com o mesmo número de participantes?

d) Em qual grupo havia o mesmo número de participantes em diferentes brincadeiras?

Vinícius prendeu sua bicicleta com um cadeado que tem uma senha de 4 algarismos. Ele lembra que:

- o algarismo das centenas é o 4;
- os outros 3 algarismos são o 2, o 5 e o 8.

Mas Vinícius não sabe qual é a ordem correta em que esses algarismos aparecem. Escreva todas as possíveis senhas do cadeado de Vinícius.

Lembretes — UNIDADE 2 — Adição e subtração

Adição e subtração por decomposição

Adição: 2 792 + 1 476

2 792		1 476		
2 000	+	1 000	=	3 000
700	+	400	=	1 100
90	+	70	=	160
2	+	6	=	+ 8
				4 268

Subtração: 4 624 − 2 451

$$4624 \to 4000 + 600 + 20 + 4$$
$$(-)\ 2451 \to 2000 + 400 + 50 + 1$$

Como não é possível tirar 50 de 20, fazemos outra decomposição:

$$4624 \to 4000 + 500 + 120 + 4$$
$$(-)\ 2451 \to 2000 + 400 + \ 50 + 1$$
$$\underline{}$$
$$2000 + 100 + 70 + 3 = 2173$$

Algoritmo usual

Adição: 2 792 + 1 476

```
  1 1
  2 792
+ 1 476
-------
  4 268
```

Subtração: 4 624 − 2 451

```
    5
  4 6̸2 4
- 2 4 5 1
---------
  2 1 7 3
```

Adição: trocando e associando parcelas

Em qualquer adição, quando alteramos a ordem das parcelas, obtemos o mesmo resultado.

$$312 + 153 = 465$$
$$153 + 312 = 465$$
$$312 + 153 = 153 + 312$$

Em qualquer adição, quando associamos as parcelas de formas diferentes, a soma não se altera.

$$(15 + 21) + 32 = 36 + 32 = 68$$
$$15 + (21 + 32) = 15 + 53 = 68$$
$$(15 + 21) + 32 = 15 + (21 + 32)$$

Adição e subtração: operações inversas

Podemos relacionar os números 16, 21 e 37 por meio de duas adições e duas subtrações:

$$16 + 21 = 37 \qquad 21 + 16 = 37 \qquad 37 - 21 = 16 \qquad 37 - 16 = 21$$

Cálculo mental

Tema 1 | Estratégias de cálculo

1. Veja como cada um dos amigos fez o cálculo 5 200 − 3 900 mentalmente:

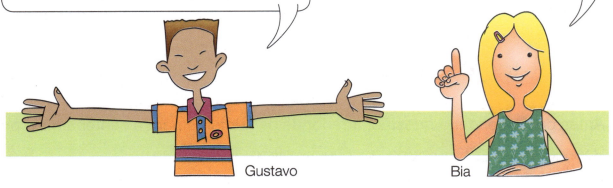

Gustavo: "Eu comecei tirando 3 000 de 5 200: 5 200 − 3 000 = 2 200. Depois tirei 200 de 2 200: 2 200 − 200 = 2 000. Agora, falta apenas tirar 700 de 2 000: 2 000 − 700 = 1 300. Portanto, o resultado final é 1 300."

Bia: "Eu começo fazendo: 5 200 − 4 000 = 1 200. Como eu tirei 100 a mais do que devia, então a resposta final será: 1 200 + 100 = 1 300."

- Agora, responda:

   a) Por que Gustavo tirou 700 de 2 000?

   b) Por que Bia somou 100 a 1 200?

   c) Como você faria mentalmente essa subtração?

2. Observe a tabela a seguir. Ela mostra a quantidade de doces produzidos por uma doceria ao longo de 4 semanas.

Semana	Quantidade de doces produzidos
1ª semana	5 200
2ª semana	4 800
3ª semana	3 900
4ª semana	6 400

- Observando esses valores, responda:

   a) Quais foram as duas semanas que, juntas, resultaram na maior quantidade de docinhos produzidos? _____

   b) Qual foi a diferença entre a produção da semana de maior produção e a de menor produção? _____

Quinze **15**

Aproximações e estimativas

1 Arredonde os números para a centena mais próxima.

a) 3 289 ▶ _____   d) 1 176 ▶ _____

b) 4 621 ▶ _____   e) 2 498 ▶ _____

c) 5 842 ▶ _____   f) 3 957 ▶ _____

- Agora, calcule o resultado aproximado de cada operação usando os arredondamentos.

3 289 + 5 842 ▶ _____ = _____

3 957 − 1 176 ▶ _____ = _____

2 498 + 4 621 ▶ _____ = _____

2 Antes de responder à questão, arredonde os números para a centena mais próxima.

Rodrigo tinha 4 289 reais na poupança e tirou 2 979 reais para comprar um computador.

- Quantos reais, aproximadamente, sobraram na poupança de Rodrigo?

☐ 1 000 reais.   ☐ 1 500 reais.   ☐ 1 300 reais.   ☐ 1 700 reais.

3 Cíntia quer saber o resultado aproximado de 6 460 + 2 110. Ajude-a a fazer esse cálculo, respondendo às questões abaixo.

a) Observe esta reta numérica. 6 460 está mais próximo de 6 400 ou de 6 500?

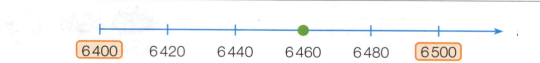

b) Qual é o arredondamento de 6 460 para a centena mais próxima? _____

c) Qual é o arredondamento de 2 110 para a centena mais próxima? _____

d) Qual é o resultado aproximado de 6 460 + 2 110, considerando os arredondamentos realizados? _____

Cálculo por decomposição

1 Calcule por decomposição o resultado de cada operação.

a) 7 539 + 5 267

b) 8 746 − 6 574

2 Observe a tabela e responda às questões.

Produção mensal de chaveiros

Mês	Quantidade
Março	7 549
Abril	6 826

a) Quantos chaveiros, no total, foram produzidos nos meses de março e abril?

_____

b) Comparando os meses de março e abril, quantos chaveiros foram produzidos em março a mais que em abril? _____

Adição com reagrupamento

1 Calcule o resultado de cada adição.

a) 4 8 1 4
  + 2 5 6 3

b) 6 3 2 2
  + 1 4 9 7

c) 2 7 2 5
  + 1 8 6 9

2 Cada quadrinho deve ser preenchido com um algarismo de modo que a adição fique correta. Descubra os algarismos que estão faltando.

a)   2 ☐ 5 ☐
   + 5 9 ☐ 3
   ‾‾‾‾‾‾‾‾‾
     8 2 8 0

b)   7 4 ☐ 2
   + 2 4 7 ☐
   ‾‾‾‾‾‾‾‾‾
     9 ☐ 5 1

c)   ☐ 8 3 4
   + 6 3 ☐ 6
   ‾‾‾‾‾‾‾‾‾
     8 ☐ 6 ☐

3 Observe o esquema e responda à questão. Quantos quilômetros são percorridos para ir de Vista Bonita a Barra Velha, passando por Rio de Ouro?

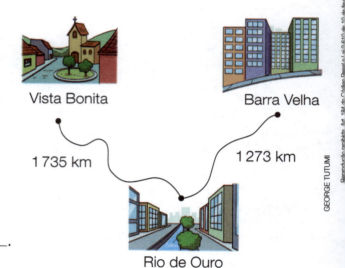

São percorridos _____.

4 Uma empresa comprou um carro pelo valor de 36 785 reais e uma carreta por 4 560 reais. Quantos reais essa empresa gastou, no total, para a compra do carro e da carreta?

A empresa gastou _____ reais na compra do carro e da carreta.

Tema 1 | Estratégias de cálculo

Subtração com reagrupamento

1) Calcule o resultado de cada subtração.

a) 5 8 3 4
  − 2 7 2 7

b) 7 1 2 8
  − 3 5 1 6

c) 3 2 5 6
  − 2 4 1 4

2) Observe a tabela, depois responda.

Venda de caminhões

Ano	Quantidade
2016	5 823
2017	6 759

- Qual foi a diferença nas vendas de caminhões entre os anos 2016 e 2017?

A diferença foi de _____ caminhões.

3) Marília e Jaime fizeram compras para uma rede de lojas de roupas. Eles compraram 2 149 calças e 1 837 camisas.

a) Quantas calças a mais que camisas eles compraram?

Eles compraram _____ calças a mais que camisas.

b) Quantas peças de roupas eles compraram no total?

Eles compraram no total _____ peças de roupas.

Dezenove 19

Termos da adição e termos da subtração

1 Observe as adições a seguir e corrija o que estiver errado:

a)
1 298 ▶ parcela ▶ _____
+ 89 ▶ minuendo ▶ _____
1 374 ▶ total ▶ _____

b)
1 786 ▶ parcela ▶ _____
+ 2 589 ▶ parcela ▶ _____
4 375 ▶ total ▶ _____

c)
5 000 ▶ parcela ▶ _____
+ 9 999 ▶ parcela ▶ _____
15 999 ▶ total ▶ _____

2 Um vendedor precisa alcançar uma meta de 9 500 reais em vendas na semana. Ele já conseguiu vender 7 889. Quantos reais ele ainda precisa vender?

Nesses cálculos, identifique:

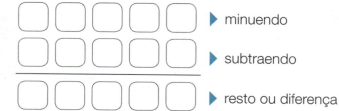

▶ minuendo

▶ subtraendo

▶ resto ou diferença

Ele ainda precisa vender _____ reais.

3 Escreva:

a) duas subtrações diferentes que tenham o resto igual a 150.

Respostas pessoais.

b) duas adições diferentes que tenham uma das parcelas igual a 150.

Respostas pessoais.

Tema 2 | Propriedades e relações

Propriedades da adição

1 Leia, observe e responda, fazendo os cálculos mentalmente.

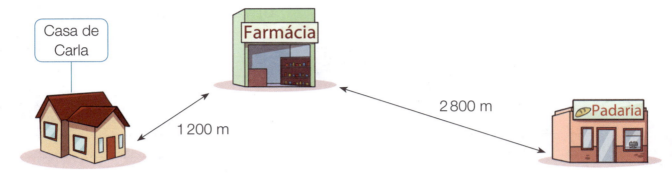

a) Carla saiu de casa, passou na farmácia e foi até a padaria com sua bicicleta. Quantos metros Carla percorreu? _____

b) Mateus estava na padaria. De lá pegou seu carro, dirigiu até a farmácia e depois foi à casa de Carla para visitá-la. Quantos metros Mateus percorreu?

_____

c) Quem percorreu a maior distância? _____

2 Complete o quadro com o resultado das adições.

Adições	Resultados	Adições	Resultados
(90 + 75) + 35		90 + (75 + 35)	
55 + 32 + 19		19 + 55 + 32	
13 + 38 + 45		13 + 45 + 38	
(87 + 23) + 16		87 + (23 + 16)	
(100 + 49 + 18) + 40		100 + (49 + 18 + 40)	

3 Marque com X a afirmação certa.

a) ☐ 53 + 16 = 16 + 53 + 18

b) ☐ 45 + 32 ≠ 32 + 45

c) ☐ 22 + 65 = 65 + 22

d) ☐ 102 + (45 + 32) ≠ (102 + 45) + 32

O símbolo ≠ significa diferente.

Vinte e um 21

Adição e subtração: operações inversas

1 Escreva duas adições e duas subtrações usando os números de cada item.

a) 12, 37 e 49

_____ + _____ = _____

_____ + _____ = _____

_____ − _____ = _____

_____ − _____ = _____

b) 120, 230 e 350

_____ + _____ = _____

_____ + _____ = _____

_____ − _____ = _____

_____ − _____ = _____

2 Complete os cálculos e responda.

Malu tinha 68 reais, gastou uma parte comprando um presente para o seu pai e sobraram 29 reais. Quantos reais Malu gastou com o presente do seu pai?

Para descobrir, eu subtraí 29 de 68.

Para ter certeza de que não errei, adicionei _____ com 29, e a resposta foi 68, como era esperado.

Dessa forma, descobri que Malu gastou _____ reais.

Malu gastou com o presente do pai _____ reais.

- Agora, observe os cálculos acima e responda sem fazer contas: Quantos reais Malu teria gastado se tivessem sobrado 39 reais? _____

Tema 2 | Propriedades e relações

Propriedades da igualdade

1 A balança a seguir está em equilíbrio.

Se eu retirar do prato da esquerda dois objetos de 500 g e um objeto de 1 000 g, o que devo fazer para que a balança continue equilibrada?

_____

_____

_____

2 Considerando que todas as igualdades são verdadeiras, encontre os números que devem substituir cada um dos símbolos a seguir.

a) 39 + ■ = 48 − 4   ■ = _____

b) 98 − 9 = 80 + ◆   ◆ = _____

c) 796 + ● = 800 + 96   ● = _____

d) 1128 − 120 = ✖ + 900   ✖ = _____

- Agora, em dupla com um colega, comparem suas respostas. Depois, avaliem as formas de resolução que os levaram a encontrar cada um desses números.

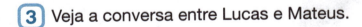

3 Veja a conversa entre Lucas e Mateus.

Lucas: Tenho no meu bolso 45 reais e em casa tenho mais 36 reais.

MATEUS: Então, se eu juntar 18 reais ao que eu tenho, ficarei com o mesmo que o seu total.

- Quanto reais Lucas tem? _____
- Quantos reais Mateus tem? _____

Vinte e três

Compreender Informações

Em uma caixa estão 16 cartões, cada um com um nome, conforme a lista abaixo:

Amanda	Amanda	Alexandre	Alexandre
Bruno	Bruno	Bruno	Camila
Cláudia	Cláudia	Denise	Fábio
Fábio	Fernando	Rafael	Rafael

Se um cartão desses for sorteado ao acaso, responda:

a) Há mais chance de ser um nome que começa com qual letra? _____

b) Há mais chance de ser Bruno ou Alexandre? _____

c) Quais os nomes com menor chance de serem sorteados? _____

Quebra-Cuca

Vanessa descobriu um misterioso livro que representava números por meio de desenhos. Observe os desenhos no livro e descubra quanto vale cada um deles.

Lembretes — UNIDADE 3 — Geometria

Planificações

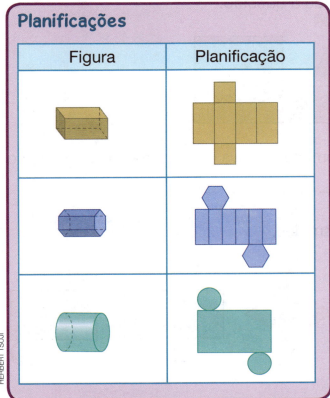

Figura	Planificação

Representação de figuras geométricas

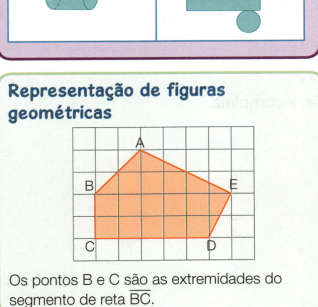

Os pontos B e C são as extremidades do segmento de reta $\overline{BC}$.

Vértices, faces e arestas

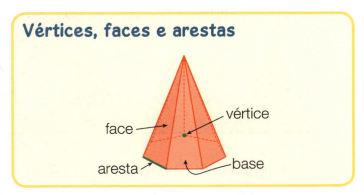

face — vértice — aresta — base

Paralelepípedo

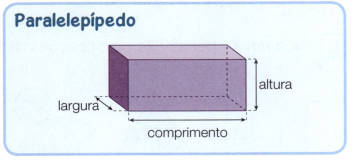

largura — altura — comprimento

Giros e ângulos

Quanto maior o giro, maior a abertura do ângulo associado a ele.

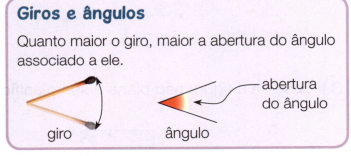

giro — ângulo — abertura do ângulo

Ângulos: reto, agudo e obtuso

ângulo reto — ângulo agudo — ângulo obtuso

Polígonos

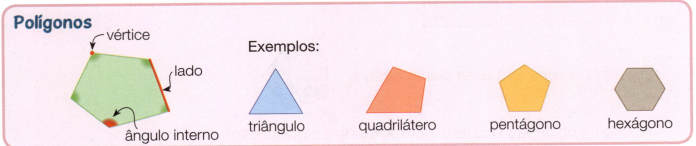

vértice — lado — ângulo interno

Exemplos: triângulo — quadrilátero — pentágono — hexágono

Vinte e cinco 25

Planificações

1. Observe as figuras planas a seguir e responda à questão.

Essas figuras serão recortadas e coladas com fita adesiva para formar uma figura não plana. Qual será a figura formada? _____

2. Faça um X apenas nas planificações de pirâmides.

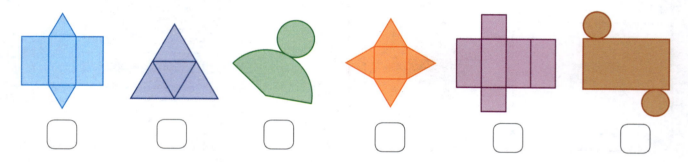

3. Observe a figura não plana e sua planificação incompleta.

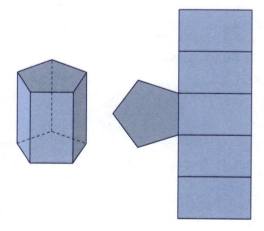

A figura que completa essa planificação é:

Desenhe-a no espaço correto, completando a planificação.

Tema 1 | Figuras geométricas não planas

Vértices, faces e arestas

1 Associe cada figura geométrica a seu nome.

A   C   E   G

B   D  F   H

I Prisma de base hexagonal
II Pirâmide de base triangular
III Cone
IV Cilindro
V Pirâmide de base quadrada
VI Prisma de base triangular
VII Prisma de base pentagonal
VIII Pirâmide de base hexagonal

A — VIII; _____

2 Observe a figura azul ao lado e complete as frases.

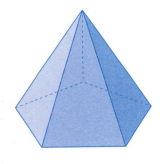

A figura representa uma _____.

A base dessa figura tem _____ lados e _____ vértices.

No total, a figura tem _____ faces, sendo _____ triangulares e _____ pentagonal.

Ao todo, a figura tem _____ vértices e _____ arestas.

3 Observe as representações de algumas figuras geométricas. Depois, complete o quadro com o nome dessas figuras.

 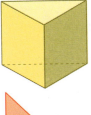

 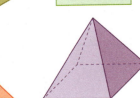

Figuras planas	Figuras não planas

Vinte e sete 27

Representando figuras geométricas

Tema 1 | Figuras geométricas não planas

1 Complete as frases em cada caso.

a)

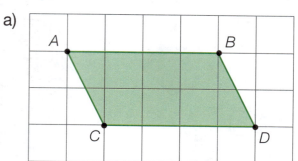

Para desenhar essa figura, foi preciso ligar _____ com _____ e _____; _____ com _____ e _____ com _____.

b)

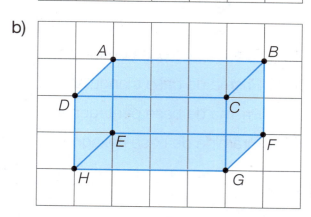

Para desenhar essa figura, foi preciso traçar os segmentos de reta: _____; _____; _____; _____; _____; _____; _____; _____; _____; _____ e _____.

2 Identifique a figura relacionada às vistas.

Representações:

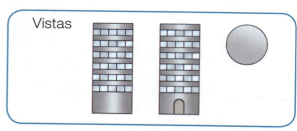
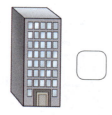
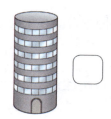

3 Identifique a figura correspondente às vistas.

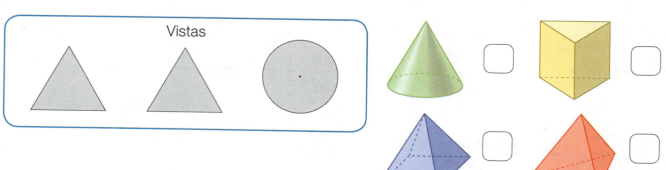

Tema 2 | Ângulos e polígonos

Ideia de ângulos – giros

1 Observe as ilustrações e destaque alguns ângulos.

2 Observe os ângulos destacados nas figuras a seguir e responda à questão.

Qual é a cor do ângulo que tem maior abertura? _____

3 Observe o ângulo destacado em cada uma das figuras.

a)
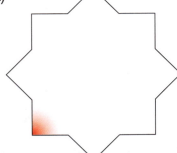

b)
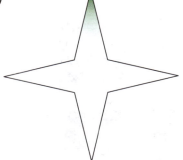

c)

• Em cada figura, há quantos ângulos de abertura igual ao ângulo destacado?

_____

_____

Vinte e nove 29

4 Luciano e Karina estão brincando com um jogo. Nesse jogo, eles devem girar o ponteiro de uma roleta no sentido horário, e o ponteiro deve sempre partir do ponto rosa. Observe as jogadas de Luciano e Karina.

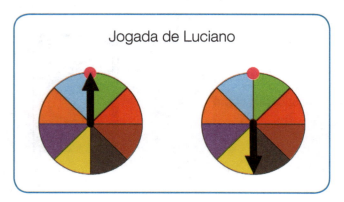

Jogada de Luciano

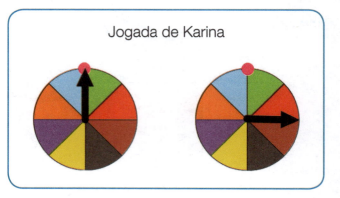

Jogada de Karina

• Agora, sabendo que o ponteiro não gira mais de uma volta por jogada, responda às questões.

a) Em qual das jogadas o ponteiro deu um giro menor: na de Luciano ou na de Karina?

_____

b) Na jogada de Luciano, o ponteiro deu um giro de uma volta, de meia-volta ou de um quarto de volta? E na jogada de Karina?

_____

5 Observe a ilustração que mostra o caminho que Cecília fez para ir de sua casa à escola.

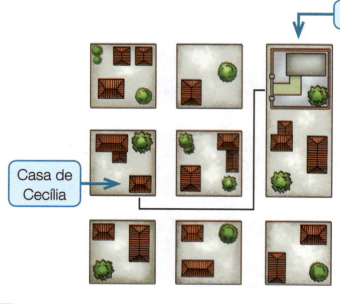

• Para entrar na rua da escola, Cecília deu um giro de uma volta, de meia--volta ou de um quarto de volta?

_____
_____

Tema 2 | Ângulos e polígonos

Ângulo reto, ângulo agudo e ângulo obtuso

1 A balança mede até cinquenta quilogramas de mercadoria de cada vez. Observe que o ponteiro indica a medida da massa na balança.

Em cada caso a seguir, que ângulo o ponteiro forma com a linha que indica zero quilograma? Responda com **agudo**, **reto ou obtuso**.

a) Para a massa de 10 quilogramas, o ponteiro formará um ângulo _____.

b) Para a massa de 35 quilogramas, o ponteiro formará um ângulo _____.

c) Para a massa de 25 quilogramas, o ponteiro formará um ângulo _____.

2 Veja o caminho que Luís Augusto fez para ir de sua casa à padaria.

O giro, destacado na figura, que Luís Augusto deu ao caminhar de sua casa à padaria, nos dá a ideia de um ângulo reto, agudo ou obtuso? _____

3 Pinte o que se pede em cada caso.

a) Um ângulo agudo.

b) Um ângulo reto.

c) Um ângulo obtuso.

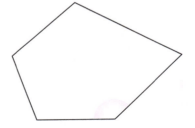

Trinta e um 31

Tema 2 | Ângulos e polígonos

Polígonos

1 Pinte as figuras que representam polígonos.

2 Escreva o nome de cada polígono.

a)   b)   c)    d)

_____   _____   _____   _____

3 Procure no quadro o nome dos polígonos que aparecem na atividade anterior.

Â	Ç	B	X	W	H	E	X	O	B	N	Â	E	Q	Q
X	W	V	B	C	E	D	R	V	F	S	M	L	U	U
H	E	X	Á	G	O	N	O	I	G	M	O	J	A	A
E	N	W	I	M	Q	U	R	F	I	J	P	D	D	D
G	T	K	I	B	E	F	L	M	C	N	E	Q	E	R
N	A	J	F	J	H	P	K	M	S	J	N	P	T	I
T	R	F	D	G	S	B	E	H	I	D	T	R	Y	L
Q	T	D	M	C	H	M	S	B	H	V	Á	T	B	Á
U	R	C	L	N	M	N	E	Q	U	B	G	N	N	T
Á	U	B	O	G	L	C	G	C	G	L	O	A	R	E
R	O	Â	H	P	K	S	D	N	K	E	N	Á	T	R
O	G	E	T	R	I	Â	N	G	U	L	O	E	E	O
B	T	N	R	C	D	T	R	Â	N	G	U	L	O	S

4 Leia e faça o que se pede.

Desenhe um polígono que tenha 5 lados, pelo menos 1 ângulo obtuso, 1 ângulo reto e 2 ângulos agudos.

Compreender Informações

Para avaliar uma marca de chocolate, 16 pessoas foram entrevistadas e avaliaram o chocolate em uma das categorias: delicioso (D), muito bom (MB), bom (B) ou ruim (R).

Entrevistado	Avaliação
1	B
2	R
3	MB
4	MB
5	R
6	B
7	D
8	MB

Entrevistado	Avaliação
9	B
10	R
11	B
12	D
13	MB
14	R
15	B
16	R

Complete a tabela com a quantidade de avaliações de cada tipo:

Avaliação do chocolate

Avaliação	Nº de votos
Delicioso	
Muito bom	
Bom	
Ruim	

Quebra-Cuca

Juntando duas peças desta forma , sem sobreposição, qual é a única figura que não é possível montar?

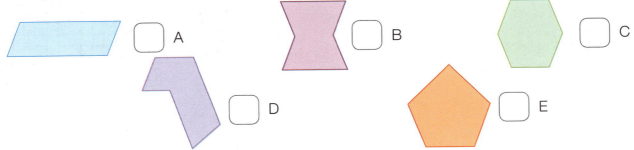

Lembretes — UNIDADE 4 — Multiplicação e divisão

Propriedade comutativa

5 × 2 = 10   (fatores → produto)
2 × 5 = 10   (fatores → produto)
Logo, 5 × 2 = 2 × 5

Em qualquer multiplicação, quando alteramos a ordem dos fatores, o produto não muda.

Propriedade associativa

2 × (4 × 3) = 2 × 12 = 24
(2 × 4) × 3 = 8 × 3 = 24
Logo, 2 × (4 × 3) = (2 × 4) × 3

Em qualquer multiplicação, quando associamos os fatores de modos diferentes, o resultado não muda.

Vezes 10, vezes 100 e vezes 1 000

5 × 10 = 5 vezes 1 dezena = 5 dezenas = 50 unidades
6 × 100 = 6 vezes 1 centena = 6 centenas = 600 unidades
9 × 1 000 = 9 vezes 1 unidade de milhar = 9 unidades de milhar = 9 000 unidades

Vezes 20, vezes 30, vezes 40...

7 × 20 = 7 vezes 2 dezenas = 14 dezenas = 140 unidades
2 × 30 = 2 vezes 3 dezenas = 6 dezenas = 60 unidades

Algoritmo usual da multiplicação

C	D	U
	²	
2	1	5
×		4
8	6	0

D	U
2	3
× 1	3
6	9
+ 2	3	0
2	9	9

Multiplicação por decomposição

Sem malha quadriculada

4 × 23
```
   20 + 3
 ×      4
 ─────────
       12   ← 4 × 3
 +    80   ← 4 × 20
 ─────────
       92
```

18 × 31
```
   30 +  1
 × 10 +  8
 ─────────
        8  ← 8 × 1
      240  ← 8 × 30
       10  ← 10 × 1
 +    300  ← 10 × 30
 ─────────
      558
```

Com malha quadriculada

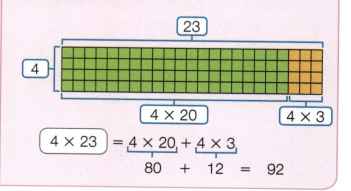

4 × 23 = 4 × 20 + 4 × 3
         80   +   12 = 92

Divisão exata e divisão não exata

Uma divisão é **exata** quando o resto dessa divisão é zero.
Uma divisão é **não exata** quando o resto dessa divisão é diferente de zero.

Multiplicação e divisão

Os números 3, 7 e 21 podem ser relacionados por meio de duas multiplicações e de duas divisões:

$3 \times 7 = 21$

$7 \times 3 = 21$

$21 \div 7 = 3$

$21 \div 3 = 7$

Termos da divisão

Dividendo → 25 | 4 ← Divisor
− 24   6 ← Quociente
Resto → 1

Divisão por estimativas

$846 \div 6$

```
 846  | 6
-600  | 100
 246  |  40
-240  | +  1
   6  | 141
-  6
   0
```

$846 \div 6 = 141$
com resto 0

$387 \div 12$

```
 387  | 12
-360  | 30
  27  | + 2
- 24  | 32
   3
```

$387 \div 12 = 32$
com resto 3

Divisor com um algarismo

$89 \div 3$

$2 \times 3 = 6$

```
  8 9 | 3
- 6   | 2 9
  2 9
- 2 7
    2
```
$9 \times 3 = 27$

$89 \div 3 = 29$
com resto 2

$219 \div 3$

$7 \times 3 = 21$

```
  2 1 9 | 3
- 2 1   | 7 3
  0 0 9
-     9
      0
```
$3 \times 3 = 9$

$219 \div 3 = 73$
com resto 0

Divisor com dois algarismos

$156 \div 12$

```
  1 5 6 | 1 2
- 1 2   | 1 3
    3 6
-   3 6
    0 0
```

$156 \div 12 = 13$
com resto 0

Rascunho

$1 \times 12 = 12$
$2 \times 12 = 24$
$3 \times 12 = 36$

Situações de multiplicação

1 Uma sorveteria tem as seguintes opções:

Embalagem	Sabores	Coberturas
Casquinha Cestinha Copo	Flocos Morango Chocolate Abacaxi Amora Doce de leite	Caramelo Morango Calda de chocolate

Se uma pessoa escolher um tipo de embalagem, um sabor e uma cobertura, quantas possibilidades de combinações existem?

Portanto, há _____ possibilidades.

2 Francisco pesquisou o preço de latas de molho de tomate de uma mesma marca em dois supermercados.

Se Francisco quiser comprar 6 latas desse molho, em qual supermercado ele gastará menos? Quantos reais a menos?

Francisco gastará menos no supermercado _____.

Ele gastará _____ reais a menos.

Tema 1 | Multiplicação

Propriedades da multiplicação

1. Observe a disposição retangular dos potes e escreva duas multiplicações que resultem no total de objetos.

_____ × _____ = _____

ou _____ × _____ = _____

2. Para ir de uma cidade a outra, uma pessoa pode utilizar ônibus ou avião, e para voltar ela pode escolher entre navio, trem ou avião.

- De quantas formas diferentes é possível realizar a viagem de ida e volta a essa cidade? Quais são elas?

_____

_____

3. Calcule o total de cubos fazendo uma multiplicação.

a)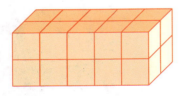

____ × ____ × ____ = ____

b)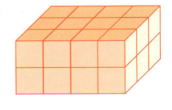

____ × ____ × ____ = ____

4. Complete com o resultado das multiplicações.

a) (5 × 4) × 3 = ☐ × 3 = ☐

b) 5 × (4 × 3) = 5 × ☐ = ☐

c) 3 × (5 × 3) = 3 × ☐ = ☐

d) (3 × 5) × 3 = ☐ × 3 = ☐

e) (2 × 2) × 2 = ☐ × 2 = ☐

f) 2 × (2 × 2) = 2 × ☐ = ☐

g) (2 × 5) × 7 = ☐ × 7 = ☐

h) 2 × (5 × 7) = 2 × ☐ = ☐

Vezes 10, vezes 100 e vezes 1000

1 Complete os esquemas.

a)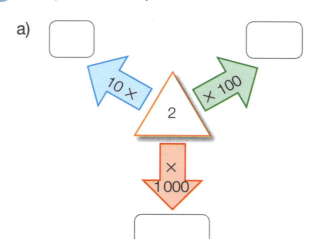

b)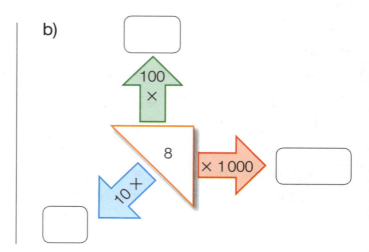

2 Leia as informações e complete.

Sabendo que 1 década é o mesmo que 10 anos, 1 século corresponde a 100 anos e 1 milênio é o mesmo que 1000 anos, descubra o número de anos indicado em cada caso.

a) 4 décadas = _____ anos

b) 5 décadas = _____ anos

c) 3 séculos = _____ anos

d) 7 séculos = _____ anos

e) 2 milênios = _____ anos

f) 6 milênios = _____ anos

3 Uma escola quer comprar para sua biblioteca 9 livros iguais ao da figura ao lado. Quanto a escola pagará pelo total de livros?

A escola pagará _____ reais pelo total de livros.

4 Maurício comprará 100 chapéus e 100 pacotes-surpresa para a sua festa de aniversário. Cada chapéu custa 2 reais, e cada pacote-surpresa custa 3 reais. Quanto Maurício gastará com essa compra no total?

Maurício gastará _____ no total.

Tema 1 | Multiplicação

Vezes 20, vezes 30, vezes 40...

1 Complete o quadro com os produtos que estão faltando.

	Vezes 20	Vezes 30	Vezes 40	Vezes 50	Vezes 60	Vezes 70	Vezes 80
2	40				120		
3		90		150		210	
7	140						560
8		240	320			560	
10				500			800

2 Descubra quantos reais Denise gastou em uma compra e complete a frase abaixo.

Cédulas que Denise tinha para a compra — Troco recebido por Denise

Denise tinha _____ reais, gastou _____ reais e sobraram _____ reais.

3 Fábio mediu com palmos o comprimento de uma mesa. O palmo de Fábio mede 20 cm, e o comprimento da mesa corresponde a 5 palmos de Fábio.

a) Qual é o comprimento da mesa em centímetros? _____

b) A largura de um colchão corresponde a 7 palmos de Fábio. Qual é a largura do colchão em centímetros? _____

Trinta e nove 39

Multiplicação na reta numérica

1) Complete as retas numéricas e as multiplicações.

a) 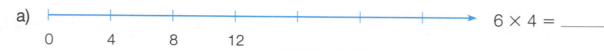 6 × 4 = _____

b)  5 × 9 = _____

c)  6 × 11 = _____

d) 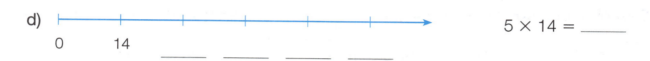 5 × 14 = _____

2) Veja o esquema que mostra a estrada que liga a casa de Carlos à casa de sua avó e responda à questão.

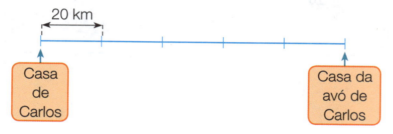

- Qual é a distância da casa de Carlos até a casa de sua avó? _____

3) Observe o esquema e ajude Rodrigo a calcular a distância entre as cidades de Rubi e de Esmeralda.

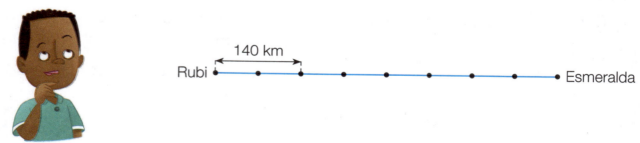

A distância entre as duas cidades é de _____ km.

Algoritmos da multiplicação

Tema 1 | Multiplicação

1. Calcule o resultado das multiplicações por decomposição.

   a) 8 × 36

   b) 5 × 281

   c) 12 × 44

2. Observe a figura e responda às questões.

   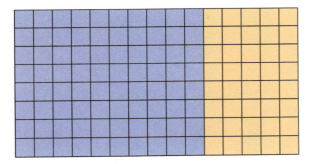

   a) Calcule o número de quadradinhos da figura. _____

   b) Escreva uma multiplicação que represente o número de quadradinhos dessa figura.

   _____

3. Calcule o resultado de cada multiplicação.

   a) [D] [U]

   ```
       5 3
   ×     7
   ———————
   ```

   b) [C] [D] [U]

   ```
     1 5 3
   ×     6
   ———————
   ```

   c) [D] [U]

   ```
       8 9
   ×     5
   ———————
   ```

   d) [C] [D] [U]

   ```
     8 0 4
   ×     4
   ———————
   ```

Quarenta e um 41

Multiplicação com fatores com mais de um algarismo

Tema 1 | Multiplicação

1) Calcule o resultado de cada multiplicação.

a)
```
  D U
  3 1
× 1 5
```

b)
```
  D U
  2 4
× 1 2
```

c)
```
  D U
  4 9
× 1 1
```

d)
```
  D U
  2 3
× 1 3
```

2) Uma loja de brinquedos vendeu em uma semana 14 bonecas, 12 jogos e 24 carrinhos. Se cada boneca custa 32 reais, cada jogo 21 reais e cada carrinho 25 reais, quantos reais a loja recebeu, no total, com a venda desses brinquedos?

Ao todo, a loja recebeu _____ reais com a venda desses brinquedos.

3) Adriano contou o número de batidas de seu coração em 1 minuto: foram 70 batidas. Quantas vezes o coração de Adriano baterá em 15 minutos, se mantiver o mesmo ritmo?

O coração de Adriano baterá _____ vezes em 15 minutos.

Situações de divisão

1. O professor de Educação Física vai dividir 75 alunos em equipes de 5 jogadores para um campeonato de basquete. Quantas equipes participarão desse campeonato? _____

2. Em uma fábrica de copos, os produtos são embalados em pacotes com 6 unidades e colocados em caixas. Em determinado dia foram embalados 720 copos.

a) Quantos pacotes de 6 copos foram feitos nesse dia? _____

b) Se cada caixa tem capacidade para 8 pacotes com 6 copos, quantas caixas foram usadas nesse dia? _____

3. Rosana precisa dividir seus 133 alunos em 7 grupos para um trabalho de Arte. Cada grupo deve ter a mesma quantidade de alunos. Quantos alunos terá cada grupo?

Cada grupo terá _____ alunos.

Divisão exata e não exata

1 Organize no quadro as divisões exatas e as divisões não exatas mostradas abaixo.

26 ÷ 3   36 ÷ 4

500 ÷ 5   240 ÷ 6

55 ÷ 8   29 ÷ 7

72 ÷ 9   35 ÷ 2

Divisão exata	Divisão não exata

2 Responda às questões fazendo os cálculos mentalmente.

Júlia fará uma arrumação nas gavetas de sua cômoda: ela quer dividir suas roupas de modo que cada gaveta fique com o mesmo número de peças de roupa. Ela precisa dividir suas 10 calças em 2 gavetas e suas 19 camisetas em 3 gavetas.

a) Quantas calças ficarão em cada gaveta?

Ficarão _____ calças em cada gaveta.

b) É possível guardar as camisetas como Júlia quer? Por quê?

_____
_____

3 Uma cozinheira fez biscoitos e os organizou em 3 pratos com 10 biscoitos cada um. Porém, sobraram 6 biscoitos, que foram colocados em um prato menor.

Quantos biscoitos essa cozinheira fez no total?

A cozinheira fez _____ biscoitos no total.

Algoritmos da divisão

1 Calcule o quociente e o resto de cada divisão.

a) 96 | 3

b) 68 | 6

c) 68 | 4

d) 94 | 4

e) 78 | 5

f) 84 | 7

g) 84 | 6

h) 97 | 8

2 Descubra os números que estão faltando em cada divisão.

a)
```
  9 5 | 9
- 9   | 10
  ---
  0 ▲
```
▲ = _____

b)
```
  ◆ ◆ | 6
- 6   | 16
  ---
  3 6
- 3 6
  ---
    0
```
◆ = _____

c)
```
  7 4 | 3
- 6   | ◆
  ---
  1 4
- 1 2
  ---
    2
```
◆ = _____

d)
```
  6 7 | 4
- 4   | 16
  ---
  2 7
- 2 4
  ---
    ⬠
```
⬠ = _____

3 Calcule o quociente e o resto de cada divisão.

a) 138 | 6

b) 842 | 2

c) 793 | 3

d) 986 | 8

e) 742 | 7

f) 739 | 4

g) 830 | 9

h) 430 | 5

Estimativas

1. Renato quer distribuir 156 figurinhas igualmente entre seus 4 sobrinhos. Continue a divisão a seguir por meio de estimativas para ajudar Renato a descobrir quantas figurinhas cada sobrinho deverá receber.

Primeiro eu vou distribuir 30 figurinhas para cada sobrinho.

30 × 4 = _____

Cada sobrinho deverá receber _____ figurinhas.

2. Descubra os valores que estão faltando em cada divisão e complete.

a)
```
   860  | ___
 - 600  | 100
   260  |  30
 - 180  |
    80  | ___
 -  60  | +  3
    20  |  143
 -  18  |
   ___
```

b)
```
   755  |  4
 - 400  | 100
   ___  | ___
 - 200  |  30
   ___  | +  8
 - 120  |  188
    35
 -  32
    03
```

3. Uma caixa com 15 tesouras iguais custa 240 reais. Qual é o preço de cada tesoura?

Cada tesoura custa _____ reais.

CONTÉM 15 TESOURAS

Tema 2 | Divisão

Relação entre multiplicação e divisão

1 O salário de Mário é um terço do salário de Amanda. Se Mário tem um salário de 500 reais, qual é o salário de Amanda?

O salário de Amanda é _____ reais.

2 Descubra o número por meio de uma divisão ou uma multiplicação.

a) 7 vezes um número é igual a 490. Que número é esse?

O número é _____.

b) Um número dividido por 40 é igual a 8. Que número é esse?

O número é _____.

c) Um número multiplicado por 6 é igual a 540. Que número é esse?

O número é _____.

3 Escreva duas divisões relacionadas a cada multiplicação.

a) 3 × 18 = 54

b) 6 × 7 = 42

c) 7 × 9 = 63

_____ ÷ _____ = _____   _____ ÷ _____ = _____   _____ ÷ _____ = _____

_____ ÷ _____ = _____   _____ ÷ _____ = _____   _____ ÷ _____ = _____

Quarenta e sete

Tema 2 | Divisão

Divisor com dois algarismos

1 Diego faz doces para vender. Veja na tabela a quantidade de cada tipo de doce que ele fez nesta semana e quantos doces ele vai colocar por caixa. Depois, complete a tabela com o total de caixas necessárias para acondicioná-los e com o número de doces que sobrarão.

Quantidade de doces

Doce	Quantidade	Doces por caixa	Total de caixas	Sobra de doces
Brigadeiro	218	18	12	
Quindim	168	15		
Cocada	250	12		
Queijadinha	215	16		
Maria-mole	280	10		

2 Complete.

a) Se 27 × 11 = 297, então: 297 ÷ 27 = ☐ e 297 ÷ 11 = ☐.

b) Se 630 ÷ 15 = ☐, então: 630 ÷ ☐ = 15 e ☐ × 15 = 630.

3 Carla tem 150 livros de histórias infantis para distribuir igualmente em 5 prateleiras de uma estante. Com quantos livros cada prateleira ficará?

Cada prateleira ficará com _____ livros.

Compreender Informações

Uma escola de inglês sorteará um prêmio entre seus 100 alunos. Na tabela seguinte, há o número de alunos distribuídos por período:

Período	Diurno	Matutino	Noturno
Número de alunos	35	32	33

a) Há algum aluno com maior chance se ser sorteado?

_____

b) De qual período há mais chance de ser sorteado um aluno?

_____

Quebra-Cuca

Preencha a toalha com os números que faltam nos quadrinhos brancos. O número dentro de cada prato, na linha e coluna correspondentes, indica o resultado das operações feitas (da esquerda para a direita e de cima para baixo).

Os números que faltam são 2, 3, 5, 6 e 7, e cada um deles aparece somente uma vez. A multiplicação é feita antes das operações de adição e subtração.

Lembretes — UNIDADE 5 — Grandezas e medidas

Medidas de comprimento

Metro, centímetro e milímetro

1 metro = 100 centímetros
1 m = 100 cm

1 centímetro = 10 milímetros
1 cm = 10 mm

Quilômetro e metro

1 quilômetro = 1 000 metros
1 km = 1 000 m

Medida de temperatura

Indicamos:
1 grau Celsius por: 1 °C

Perímetro

Perímetro é a medida do comprimento do contorno de uma figura.
O perímetro da figura ao lado pode ser obtido pela adição:
3 + 3 + 1 + 2 + 2 + 1 = 12
O perímetro dessa figura é 12 cm.

Área

Usando  (1 quadradinho) como unidade de medida de superfície, dizemos que a área da figura ao lado é igual a 8  (8 quadradinhos).

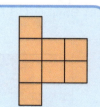

Centímetro quadrado

O centímetro quadrado é uma unidade de medida de superfície correspondente à área de um quadrado cujos lados medem 1 centímetro.
Indicamos 1 centímetro quadrado por 1 cm².
A área desta figura amarela é igual a 18 cm².

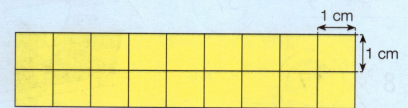

Tema 1 | Medidas de comprimento

Metro, centímetro e milímetro

1 Marque com X a medida mais adequada em cada caso.

a) Comprimento de um ônibus ▶ ☐ 10 m   ☐ 10 cm   ☐ 10 mm

b) Comprimento de um palmo ▶ ☐ 14 m   ☐ 14 cm   ☐ 14 mm

c) Largura de uma borracha ▶ ☐ 24 m   ☐ 24 cm   ☐ 24 mm

d) Comprimento da capa de um livro ▶ ☐ 28 m   ☐ 28 cm   ☐ 28 mm

2 Faça o que se pede.

Use uma régua para medir o comprimento do lápis.

- Agora, pinte de verde os quadros que indicam o comprimento do lápis.

| 15 centímetros | 15 milímetros | 15 metros |

| 0,15 metro | 150 centímetros | 150 milímetros |

3 Roberto mora no 5º andar de um prédio que tem 10 andares e o térreo. A altura de cada andar é 250 centímetros, e a do térreo é 300 centímetros.

a) O apartamento de Roberto está a quantos metros do nível da rua?

O apartamento de Roberto está a _____ do nível da rua.

b) Qual é a altura, em metros, do prédio em que Roberto mora?

A altura do prédio é _____

Cinquenta e um **51**

Quilômetro e metro

1 Marque com X a frase que expressa a menor distância percorrida.

☐ Marcelo caminhou 1 quilômetro e meio no parque.

☐ Cátia correu meio quilômetro esta manhã.

☐ Laura andou 1 600 m até o ponto de ônibus.

☐ Brigite caminhou 3 quilômetros até chegar ao clube.

2 Descubra quantos metros faltam em cada item para completar 1 quilômetro.

a) 750 m + _____ m = 1 km

b) 321 m + _____ m = 1 km

c) 810 m + _____ m = 1 km

d) 148 m + _____ m = 1 km

e) 556 m + _____ m = 1 km

3 Leia o texto dos balões e responda às perguntas.

Tenho aula de natação 3 vezes por semana.

Em cada aula nado 750 metros.

Mara

a) Quantos metros Mara nada em 1 semana?
_____

b) Se Mara tivesse 4 aulas por semana, quantos quilômetros ela nadaria?
_____

Tema 1 | Medidas de comprimento

Perímetro de uma figura

1 Com o auxílio de uma régua, desenhe o que se pede.

a) Quadrado com perímetro igual a 8 cm.

b) Retângulo com perímetro igual a 12 cm.

2 Um triângulo tem os 3 lados de mesma medida, e seu perímetro é igual ao perímetro de um quadrado cujo lado mede 6 cm. Quanto mede cada lado desse triângulo?

Cada lado do triângulo mede _____ cm.

3 Use uma régua para medir o comprimento dos lados das figuras e calcule o perímetro de cada uma.

a)

Perímetro = _____ cm

b)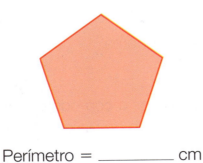

Perímetro = _____ cm

c)

Perímetro = _____ cm

d)

Perímetro = _____ cm

Cinquenta e três 53

Tema 1 | Medidas de comprimento

Ideia de área

1 Desenhe e pinte nas malhas quadriculadas uma figura que tenha a área indicada em cada item. Observe que a unidade de medida de superfície usada é o quadradinho da malha.

a) Área = 3 ▨

b) Área = 4 ▨

c) Área = 7 ▨

2 Roberta quer fazer um mosaico no tampo de uma mesa retangular. Para isso, ela dividirá esse tampo em partes iguais, que terão forma de quadrado com lados de 10 centímetros. O tampo tem 30 centímetros de comprimento e 20 centímetros de largura. Em quantas partes quadradas o tampo será dividido?

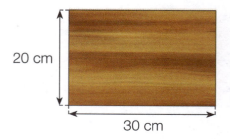

O tampo será dividido em _____ partes quadradas.

3 Observe a planta da casa de Isadora. Depois, responda às questões.

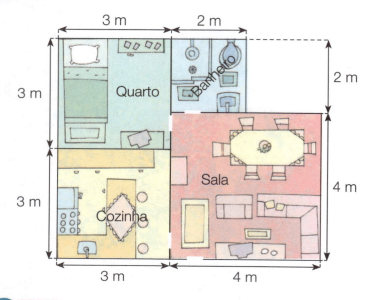

a) Qual é o perímetro da casa de Isadora?
_____

b) Qual é o cômodo de maior área da casa?
_____

c) E o de menor área?
_____

d) Quantas vezes o cômodo de menor área cabe dentro do de maior área?
_____

Tema 2 | Medidas de superfície

Área de figuras planas

1. Usando o quadradinho da malha como unidade de área, determine o que se pede.

   a) A área da cabeça do robô.
   _____

   b) A área da figura do robô.
   _____

   c) A área de toda a malha quadriculada.
   _____

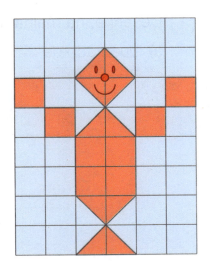

2. Observe o mosaico abaixo e responda às questões usando o quadradinho da malha como unidade de área.

   a) Qual é a área da parte em laranja?
   _____

   b) Qual é a área da parte em azul?
   _____

   c) Qual é a área da parte em amarelo?
   _____

   d) Qual é a área de todo o mosaico?
   _____

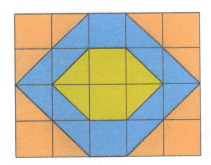

3. Observe o triângulo azul e o quadrado verde.

- Descubra quantos desses triângulos azuis são necessários para formar o quadrado verde. _____

Cinquenta e cinco 55

Tema 2 | Medidas de superfície

Centímetro quadrado

1) Desenhe, na malha quadriculada, o que se pede.

a) Quadrado de área 9 cm².

b) Retângulo de área 6 cm².

c) Triângulo de área 8 cm².

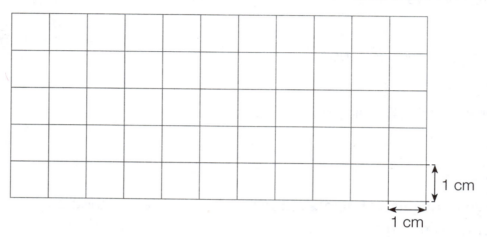

2) Escolha duas das figuras abaixo e desenhe na malha uma nova figura formada por elas. Depois, calcule a área da figura formada.

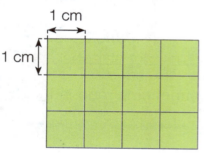
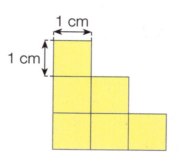
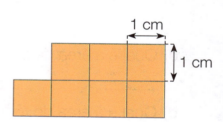

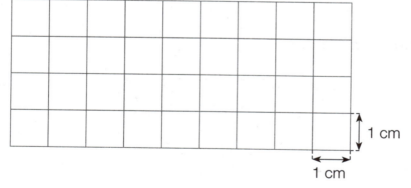

A área da figura formada é = _____ cm².

3) Caio quer revestir sua cozinha com ladrilhos de 4 cm² de área. Se a área de sua cozinha tem 10 000 cm², quantos ladrilhos ele precisará comprar?

Caio precisará comprar _____ ladrilhos.

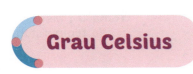

Tema 3 | Medidas de temperatura

Grau Celsius

1 Veja a temperatura em determinado momento, em algumas cidades do Brasil e do mundo.

Responda:

a) Em qual dessas cidades, no momento dessa medição, estava fazendo frio?

_____

b) Escreva os nomes das duas cidades da tabela que apresentaram as temperaturas mais altas.

_____

2 Agora é momento de você pesquisar.

Em duplas, completem a tabela abaixo com as temperaturas atuais nas cidades citadas na atividade anterior:

São Paulo	
Tóquio	
Porto Alegre	
Manaus	
Roma	
Londres	
Paris	

- Agora, responda:

a) Em qual dessas cidades, no momento da medição, estava fazendo frio?

_____

b) Escreva os nomes das duas cidades da tabela que apresentaram as temperaturas mais altas. _____

_____

c) As respostas obtidas nesse exercício são as mesmas do exercício anterior?

_____
_____
_____
_____

Cinquenta e sete

Temperatura máxima e temperatura mínima

Tema 3 | Medidas de temperatura

Leia as informações abaixo e, depois, responda às questões.

São Paulo - SP		Máxima	Mínima
20 fevereiro	☀	28 °C	17 °C
21 fevereiro	⛅	26 °C	16 °C
22 fevereiro	☁	27 °C	15 °C

Curitiba - PR		Máxima	Mínima
20 fevereiro	🌧	28 °C	16 °C
21 fevereiro	⛅	22 °C	14 °C
22 fevereiro	🌧	20 °C	12 °C

a) Quais foram as temperaturas mínima e máxima no dia 20 de fevereiro em São Paulo?
_____

b) Qual foi a temperatura mínima em Curitiba no dia 20 fevereiro? _____

c) Qual foi a diferença entre a temperatura mínima e a máxima no dia 21 de fevereiro em cada uma das cidades?

São Paulo ☐   Curitiba ☐

d) Em qual das cidades foi registrada a menor temperatura no dia 22 de fevereiro?
_____

e) Pinte as temperaturas indicadas abaixo, conforme informações do quadro.

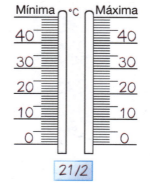
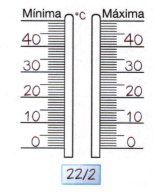

58 Cinquenta e oito

Compreender informações

No gráfico abaixo estão representados os dados sobre a venda de ingressos em 3 sessões de cinema em um mesmo dia:

Sessão	Ingressos vendidos
14 h	🎟️🎟️🎟️🎟️
16 h	🎟️🎟️🎟️
18 h	🎟️🎟️🎟️🎟️🎟️🎟️

Cada 🎟️ corresponde a 50 ingressos.

Responda:

a) Qual sessão vendeu mais ingressos? _____

b) Quantos ingressos foram vendidos no total nesse dia?
_____ ingressos.

Quebra-Cuca

Virgílio desenhou um esquema que mostra 3 cidades da região em que ele mora representadas pelas letras A, B e C. Cada centímetro no esquema representa 5 quilômetros. Usando uma régua, e com base nas dicas, descubra o nome de cada cidade.

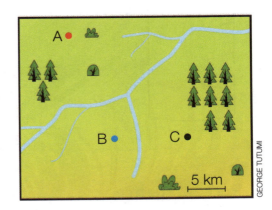

Dicas
- A distância entre as cidades de Farpas e Lascas é igual a 20 km.
- A distância entre as cidades de Pontas e Farpas é maior que a distância entre Pontas e Lascas.

Lembretes

UNIDADE 6 — Frações e números na forma decimal

Frações

- A bandeira foi dividida em 4 partes iguais. Dessas partes, três não foram pintadas.

  A fração $\frac{3}{4}$ corresponde às partes da bandeira que não estão pintadas.

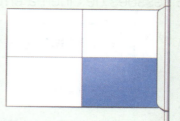

Numerador → $\frac{3}{4}$ ← Denominador

Lemos: três quartos.

- Vítor tem 8 carrinhos. Desses carrinhos, 2 são vermelhos.

  Esses carrinhos vermelhos correspondem a $\frac{2}{8}$ dos carrinhos de Vítor.

- Reinaldo comprou um pacote com 6 figurinhas e deu a metade (ou $\frac{1}{2}$) dessa quantidade a seu irmão. Então, Reinaldo deu a seu irmão 3 figurinhas, pois $\frac{1}{2}$ de 6 figurinhas são 3 figurinhas.

Frações e medidas

A receita de um bolo pede $\frac{1}{4}$ de 1 litro de suco de laranja.

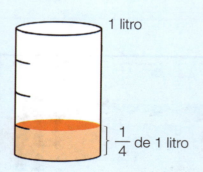

Comparação de quantidades expressas por frações

$\frac{4}{7}$ do total de rosas são amarelas e $\frac{3}{7}$ são vermelhas.

maior: $\frac{4}{7} > \frac{3}{7}$ menor: $\frac{3}{7} < \frac{4}{7}$

Adição com frações

$\frac{2}{6} + \frac{3}{6} = \frac{5}{6}$

Subtração com frações

$\frac{3}{4} - \frac{1}{4} = \frac{2}{4}$

Porcentagem

De 100 pessoas que entraram em um parque, 30 foram à roda-gigante. Podemos representar as 30 pessoas dessa situação pela fração $\frac{30}{100}$ (lemos: trinta centésimos) ou por 30% (lemos: trinta por cento). O símbolo que indica porcentagem é %.

Décimos, centésimos e milésimos

Representação na forma de fração	Representação na forma decimal	Como lemos
$\frac{1}{10}$	0,1	um décimo
$\frac{7}{10}$	0,7	sete décimos
$\frac{1}{100}$	0,01	um centésimo
$\frac{26}{100}$	0,26	vinte e seis centésimos
$\frac{1}{1000}$	0,001	um milésimo
$\frac{128}{1000}$	0,128	cento e vinte e oito milésimos

Medições e números na forma decimal

1 kg = 1 000 g
0,001 kg = 1 g

1 m = 100 cm
0,01 m = 1 cm

1 ℓ = 1 000 mℓ
0,001 ℓ = 1 mℓ

Centavos do real

1 centavo do real (R$ 0,01) é o mesmo que $\frac{1}{100}$ do real.

Porcentagem e calculadora

Como vimos, indicamos porcentagem por meio do símbolo %.
20% significa 20 em cada 100, o que pode ser representado por $\frac{20}{100}$ ou 0,20.
Usando uma calculadora, podemos calcular 20% de 150 da seguinte forma:

Adição com números na forma decimal

1,341 + 13,8 = 15,141

```
      1
    1, 3 4 1
+  1 3, 8 0 0
  _____
  1 5, 1 4 1
```

Subtração com números na forma decimal

216,48 − 112,5 = 103,98

```
           5
    2 1 6, 1 4 8
 −  1 1 2, 5 0
  _____
    1 0 3, 9 8
```

O sistema de numeração e a forma decimal

23, 1 5 6

- 23 inteiros
- 1 décimo
- 5 centésimos
- 6 milésimos

Uma forma de ler ▶ vinte e três inteiros, um décimo, cinco centésimos e seis milésimos

Decomposição ▶ 23,156 = 23 + 0,1 + 0,05 + 0,006

Que números são estes?

1 Na última Copa do Mundo de Futebol, Juca pintou um dos muros de sua casa de verde e amarelo. Ele dividiu o muro em três faixas de mesmo tamanho e pintou duas faixas de verde e uma de amarelo. Que fração do muro foi pintada de amarelo? E de verde?

_____

2 Complete as frases.

a) $\frac{1}{3}$ de 60 laranjas corresponde a _____ laranjas.

b) $\frac{1}{6}$ de 60 laranjas corresponde a _____ laranjas.

c) $\frac{1}{2}$ de 100 borrachas corresponde a _____ borrachas.

d) $\frac{1}{4}$ de 100 borrachas corresponde a _____ borrachas.

3 Observe as bexigas de Isabel e as de José. Em seguida, responda às questões.

Isabel　　　　　　　　　　José

a) As bexigas amarelas correspondem a que fração do total de bexigas que Isabel tem? ☐

b) As bexigas azuis correspondem a que fração do total de bexigas que José tem? ☐

4 Vânia sempre tem aulas de natação às terças-feiras, às quintas-feiras e aos sábados. Podemos dizer que Vânia tem essas aulas em $\frac{1}{3}$ dos dias da semana? Justifique sua resposta.

_____

Tema 1 | Frações

Parte e todo

1. Complete as frases.

   a) Ao todo, há _____ pratos nas prateleiras ao lado.

   b) Desses pratos, _____ estão quebrados.

   c) Os pratos quebrados correspondem a ▢ do total de pratos.

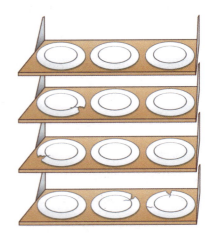

2. Fernando distribuiu algumas revistas entre seus três sobrinhos. Sueli ganhou $\frac{2}{10}$ das revistas, Mário $\frac{3}{10}$ das revistas e Elisa o restante delas.

   Quem ganhou mais revistas? _____

3. Marília tem 3 cadernos grandes, 4 médios e 2 pequenos.

   a) Que fração indica a quantidade de cadernos que não são pequenos? ▢

   b) Que fração indica a quantidade de cadernos que não são grandes? ▢

Frações e medidas

1 Responda às questões.

a) Tânia foi caminhando de sua casa até o clube. Para fazer esse percurso, ela demorou 1 hora. Quantos minutos Tânia demorou para chegar ao clube? _____

b) André, filho de Tânia, fez o mesmo caminho que sua mãe para ir ao clube. Como ele está treinando para uma corrida, resolveu ir correndo e levou $\frac{1}{2}$ hora para chegar. Quantos minutos ele levou para chegar ao clube?

André levou _____ minutos para chegar ao clube.

c) Letícia, prima de André, fez o mesmo caminho que Tânia e seu filho, mas ela foi de carro. Se Letícia levou $\frac{1}{4}$ de hora para chegar ao clube, quantos minutos ela levou para chegar ao clube?

Letícia levou _____ minutos para chegar ao clube.

2 Maíra comprou 50 centímetros de fita vermelha para enfeitar seu vestido. Então, ela comprou:

☐ $\frac{1}{2}$ de 1 metro de fita   ☐ $\frac{1}{3}$ de 1 metro de fita   ☐ $\frac{2}{1}$ metros de fita

Tema 1 | Frações

Comparação de quantidades expressas por frações

1 Observe as ilustrações e depois faça o que se pede.

Lúcia e Júlio estão pintando o desenho de uma centopeia.

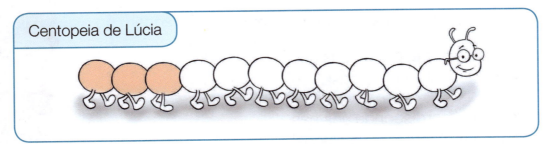

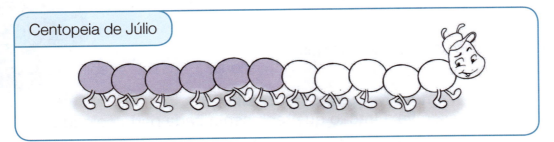

a) Qual dos dois pintou mais partes do corpo de sua centopeia? _____

b) Represente com uma fração as partes do corpo da centopeia que Lúcia pintou e, depois, faça o mesmo para representar as partes do corpo da centopeia que Júlio pintou.

Lúcia ▶ ☐   Júlio ▶ ☐

c) Agora, compare as frações a seguir escrevendo entre elas as expressões **é maior que** ou **é menor que**.

- $\dfrac{3}{11}$ _____ $\dfrac{6}{11}$ • $\dfrac{8}{11}$ _____ $\dfrac{5}{11}$

2 Marilu está fazendo salgadinhos para uma festa.

Ela colocou $\dfrac{1}{4}$ de 1 quilograma de farinha de trigo na panela. Ela colocou mais ou menos de meio quilograma de farinha na panela? _____

• Agora, responda: $\dfrac{1}{4}$ de quilograma é maior ou menor que $\dfrac{1}{2}$ de quilograma?

_____

Sessenta e cinco **65**

Adição e subtração com frações

Tema 1 | Frações

1. Fabi usou $\frac{1}{8}$ de seu salário para pagar uma dívida, $\frac{3}{8}$ com alimentação e $\frac{2}{8}$ com o aluguel da casa em que mora.

   O que sobrou do salário, Fabi guardou na poupança.

   a) Que fração do salário corresponde aos gastos com alimentação e aluguel da casa?

   b) Que fração do salário corresponde aos gastos com a dívida, a alimentação e o aluguel da casa?

   c) Que fração do salário corresponde ao que Fabi guardou na poupança?

2. Observe a ilustração e escreva a fração que representa cada parte colorida da figura.

   Parte amarela da figura ▶

   Parte verde da figura ▶

   Parte azul da figura ▶

   - Agora, responda à questão fazendo uma adição com frações. Que fração corresponde à parte verde e à parte amarela da figura juntas?

   ☐ + ☐ = ☐

3. Em uma classe, $\frac{3}{5}$ dos alunos são meninos.

   a) Que fração da classe corresponde às meninas?

   b) As meninas representam a metade, menos da metade ou mais da metade do número de alunos da classe?

   c) Se há 20 alunos nessa classe, quantos deles são meninos? E quantas são meninas?

Tema 2 | Números na forma decimal

Décimos

1 Ligue cada número do quadro azul com sua representação na forma de fração e na forma decimal.

| 0,1 | 0,2 | 0,7 |

| um décimo | sete décimos | dois décimos |

| $\frac{2}{10}$ | $\frac{1}{10}$ | $\frac{7}{10}$ |

2 Escreva a representação, na forma de fração e na forma decimal, da parte pintada de cada figura. Depois, escreva como as lemos.

a)

Representação na forma de fração: ☐   Representação na forma decimal: _____

Lemos: _____

b) Representação na forma de fração: ☐   Representação na forma decimal: _____

Lemos: _____

c) Representação na forma de fração: ☐   Representação na forma decimal: _____

Lemos: _____

3 Escreva como lemos cada número.

a) 0,3 ▶ _____

b) 0,4 ▶ _____

c) 0,6 ▶ _____

Sessenta e sete 67

Centésimos

1 Leia e marque com X as alternativas corretas.

A escola de Alice organizou uma visita ao zoológico. Das 100 crianças que foram ao passeio, 65 eram meninos.

☐ A fração $\frac{35}{100}$ representa o número de meninas que foram ao zoológico.

☐ 0,65 das crianças que foram ao zoológico eram meninas.

☐ 35 centésimos das crianças que foram ao zoológico eram meninas.

☐ A fração $\frac{65}{100}$ representa o número de meninos que foram ao zoológico.

2 Represente na forma decimal.

a) $\frac{6}{100} = $ _____

b) $\frac{6}{10} = $ _____

c) $\frac{12}{100} = $ _____

d) $\frac{8}{100} = $ _____

e) $\frac{39}{100} = $ _____

f) $\frac{83}{100} = $ _____

3 Represente na forma de fração.

a) 0,25 = ☐

b) 0,15 = ☐

c) 0,21 = ☐

d) 0,9 = ☐

e) 0,71 = ☐

f) 0,06 = ☐

4 Leia o texto e complete.

Na disputa pelo primeiro lugar em uma corrida de Fórmula 1, o segundo colocado ficou **trinta e quatro centésimos de segundo** atrás do primeiro colocado.

Escreva esse tempo na forma de fração e na forma decimal.

Forma de fração ▶  de segundo.

Forma decimal ▶ _____ de segundo.

O sistema de numeração e a forma decimal

Tema 2 | Números na forma decimal

1. Observe os números e complete o quadro.

| 1,008 | 145,9 | 18,085 | 2,06 | 601,302 |

C	D	U	d	c	m	Como lemos
		1,	0	0	8	um inteiro e oito milésimos

2. Complete as decomposições com o valor de cada algarismo nos números.

a) 4,126 = _____ + _____ + _____ + _____

b) 35,695 = _____ + _____ + _____ + _____ + _____

c) 730,418 = _____ + _____ + _____ + _____ + _____ + _____

3. Observe o valor do dígito 5 em cada número e pinte conforme a legenda.

🖍 5 centenas   🖍 5 dezenas   🖍 5 unidades

🖍 5 décimos   🖍 5 centésimos   🖍 5 milésimos

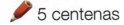 35,21    153,29   29,245

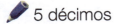 0,50    501,91   38,25

Centavos de real

1 Marque com X a resposta certa.

a) Quantas moedas de R$ 0,01 são necessárias para formar R$ 2,00?

☐ 100   ☐ 200   ☐ 300   ☐ 400

b) Que moeda corresponde a um quarto de um real?

2 Escreva a quantia total, representada em cada item, na forma decimal e por extenso.

a)

Na forma decimal ▶ _____

Por extenso ▶ _____

b)

Na forma decimal ▶ _____

Por extenso ▶ _____

3 Leia as dicas e descubra o presente que André comprou para sua namorada.

Dicas

O preço do presente da namorada de André:
- é menor que 43 reais;
- tem a parte inteira com dois algarismos;
- tem o algarismo do centésimo do real igual a 9.

André comprou _____.

Bombons

R$ 8,99

Perfume

R$ 48,89

Blusa

R$ 29,99

Urso de pelúcia

R$ 25,50

Medições

Tema 2 | Números na forma decimal

1 Responda às questões.

a) 1 centésimo de 1 metro corresponde a quantos centímetros? _____

b) 1 décimo de 1 metro corresponde a quantos centímetros? _____

c) 10 centésimos de 1 metro correspondem a quantos centímetros? _____

2 Complete as frases.

a) Caio comeu 130 gramas de pão de queijo no lanche da tarde, ou seja, ele comeu _____ quilogramas de pão de queijo.

b) Samuel comprou 0,750 kg de linguiça para fazer um churrasco. Então, ele comprou _____ g de linguiça.

c) Marta correu 1 décimo de 1 quilômetro, ou seja, _____ metros.

d) Vanessa tomou 500 mℓ de suco de maracujá, ou seja, _____ ℓ de suco.

e) Joana comprou 1,650 ℓ de amaciante no mercado. Então, ela comprou _____ mℓ desse produto.

3 Em cada caso, pinte as placas necessárias para compor o valor pedido.

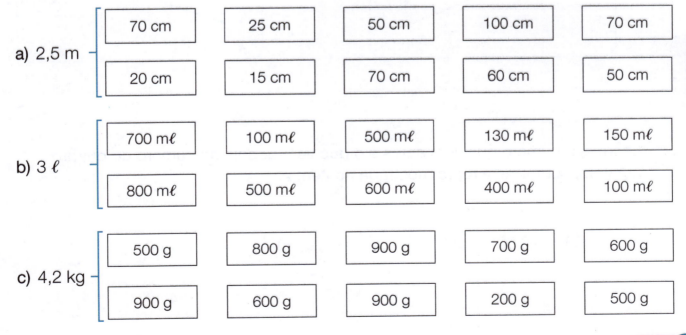

Comparação e ordenação

1 Observe a reta numérica a seguir e descubra os números cujas posições estão indicadas pelas setas vermelhas.

Esta reta apresenta os números de 0 a 1. Ela está dividida em 100 partes iguais, e cada parte representa 1 centésimo (0,01).

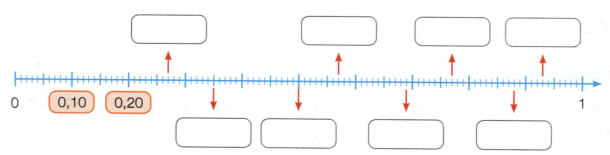

2 Complete com > (maior que) ou < (menor que).

a) 13,5 _____ 13,7

b) 0,06 _____ 0,04

c) 74,295 _____ 74,298

d) 0,25 _____ 0,20

e) 1,04 _____ 1,01

f) 35,15 _____ 35,07

3 Use uma régua para medir o comprimento de cada traço em milímetros e em centímetros.

a)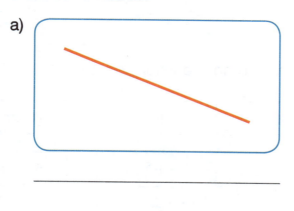

b)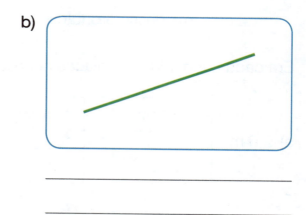

_____

_____

4 Escreva o número que vem antes e o que vem depois do número do quadro amarelo, conforme a regra mostrada no item **a**.

a) | 2,29 | 2,30 | 2,31 |

b) | ___ | 4,18 | ___ |

c) | ___ | 1,00 | ___ |

d) | ___ | 4,40 | ___ |

Tema 2 | Números na forma decimal

Adição

1 Calcule o resultado de cada adição.

a) 7,5
  + 3,5

b) 28,25
  + 13,50

c) 81,125
  + 9,875

d) 124,25
  + 78,10

e) 219,183
  +   7,400

f) 344,15
  + 65,18

2 Fernando viajou de motocicleta do Rio de Janeiro a São Paulo. Após percorrer 317,4 km, ele fez uma parada para comer um lanche e abastecer a motocicleta. Observe a ilustração com a quilometragem registrada no início da viagem e descubra a quilometragem da motocicleta nessa parada.

Quilometragem no início da viagem.

A motocicleta registrou nessa parada _____ quilômetros.

3 Complete sabendo que cada quadro contém a soma dos dois números imediatamente abaixo dele.

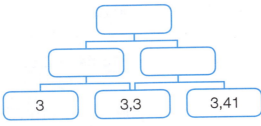

Setenta e três **73**

Subtração

1 Calcule o resultado de cada subtração.

a)
```
   8,6
-  4,7
------
```

b)
```
  52,73
-  5,42
------
```

c)
```
  56,854
- 24,381
-------
```

d)
```
  42,78
- 18,95
------
```

e)
```
  129,50
-  71,28
-------
```

f)
```
  23,453
- 18,305
-------
```

2 Observe os produtos que Samanta e Samuel separaram para comprar e responda às questões.

Samanta — R$ 13,20 — R$ 9,35 — R$ 2,80

Samuel — R$ 7,29 — R$ 4,99 — R$ 12,40

a) Samanta tem R$ 30,00. Sobrará ou faltará dinheiro para ela comprar os produtos que separou? Quanto?

b) Samuel tem R$ 20,00. Sobrará ou faltará dinheiro para ele comprar os produtos que separou? Quanto?

Sobrarão _____.

Faltará dinheiro _____.

3 Calcule mentalmente e pinte conforme a legenda.

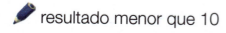 resultado menor que 10

 diferença tem 2 casas decimais

| 12,25 − 3,25 | 18,703 − 12,703 | 13,54 − 2,57 |

| 27,9 − 12,09 | 8,01 − 8,01 | 309,128 − 119,708 |

Tema 2 | Números na forma decimal

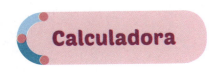

Calculadora

1 Usando uma calculadora, digite as teclas e registre a operação em cada caso.

a) 2 6 . 1 8 + 4 . 8 2 =

b) 1 7 . 2 3 + 7 . 9 5 =

c) 6 0 . 3 − 4 0 . 2 =

d) 2 0 0 . 5 9 − 8 9 . 7 =

2 Usando uma calculadora, mas sem apertar a tecla 5, como é possível calcular o resultado de cada item? Desenhe as teclas que você apertou.

a) 5,36 + 5,34 = _____

b) 3,7 − 1,5 = _____

3 Mariana digitou na calculadora 3 . 5 × 1 0 0 = .

Sem apagar o resultado do visor, quais as teclas que ela pode apertar para descobrir o resultado de 3,5 × 50?

Setenta e cinco **75**

Compreender Informações

Os alunos fizeram uma pesquisa sobre o tipo de filme preferido dos alunos e chegaram aos seguintes números:

Tipo de filme preferido	Número de votos
Desenho animado	45
Comédia	25
Romance	35
Ficção científica	15

Fizeram, então, um gráfico para representar esses resultados. Complete o desenho do gráfico ao lado, utilizando os dados da tabela.

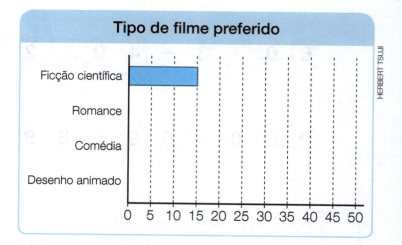

Quebra-Cuca

Bia, Cris e Flávia têm um animal de estimação cada uma: um gato, um cachorro e um coelho, não necessariamente nessa ordem. A professora delas perguntou quem tinha qual bicho. Veja o que Cris e Flávia disseram:

Eu não tenho um coelho.

Eu tenho um cão! Não conheço o animal da Bia.

Cris   Flávia   Professora

- Agora, responda: quem é a dona de cada bicho?

A dona do é a _____,

a dona do 🐱 é a _____,

e a dona do é a _____.

Lembretes — Unidade 7: Mais grandezas e medidas

Unidades de medida de tempo

Dia, hora, minuto e segundo

Indicamos:
- 1 hora por 1 h
- 1 minuto por 1 min
- 1 segundo por 1 s
- $\frac{1}{2}$ hora por $\frac{1}{2}$ h
- $\frac{1}{4}$ hora por $\frac{1}{4}$ h

- 1 dia = 24 h
- 1 h = 60 min
- 1 min = 60 s
- $\frac{1}{2}$ h = 30 min
- $\frac{1}{4}$ h = 15 min

Milênio, século, década e ano

- 1 milênio = 1 000 anos
- 1 século = 100 anos
- 1 década = 10 anos

Unidades de medida de massa

Tonelada, quilograma, grama e miligrama

Indicamos:
- 1 tonelada por 1 t
- 1 quilograma por 1 kg
- 1 grama por 1 g
- 1 miligrama por 1 mg

- 1 t = 1 000 kg
- 1 kg = 1 000 g
- 1 g = 1 000 mg

Unidades de medida de capacidade

Litro e mililitro

Indicamos:
- 1 litro por 1 ℓ
- 1 mililitro por 1 mℓ

1 ℓ = 1 000 mℓ

Setenta e sete

Dia, hora e minuto

1 Observe o horário em que Pedro foi dormir e o horário em que ele acordou:

a) Quanto tempo Pedro dormiu? _____

b) Quanto representam aproximadamente, em dias, as horas que Pedro dormiu?
_____

2 Ana foi comprar ingressos para um espetáculo e havia uma enorme fila.

Ela entrou na fila às:    E foi atendida às:

a) Quanto tempo Ana ficou na fila? _____

b) Você considera muito tempo para uma fila? O que poderia fazer nesse tempo?
_____

3 Fabiana e Vinícius entram às 7 h 15 min na escola. Ela sai às 12 h 30 min e ele sai às 13 h 45 min.

a) Fabiana fica na escola mais de _____ horas diariamente.

b) Vinícius fica na escola _____ horas e _____ diariamente.

4 Relacione as medidas correspondentes:

| A | metade de 1 dia | B | 4 dias | C | 3 dias e meio | D | 2 dias |

| ☐ 96 horas | ☐ 48 horas | ☐ 12 horas | ☐ 84 horas |

78 Setenta e oito

Hora, meia hora e um quarto de hora

Tema 1 | Medidas de tempo

1. Complete.

   O relógio ao lado está marcando _____ horas da manhã. Se passar $\frac{1}{4}$ de hora, o relógio marcará _____ horas e _____ minutos.

2. Usando algarismos, represente as informações em um relógio digital que indica de zero hora (00:00) até 23 horas e 59 minutos (23:59).

   a) 3 horas da tarde mais $\frac{1}{4}$ de 1 hora ▸

   b) 11 horas da manhã mais $\frac{1}{2}$ hora ▸

   c) Falta $\frac{1}{4}$ de 1 hora para as 18 horas ▸

   d) Falta $\frac{1}{2}$ hora para as 23 horas ▸

3. Tales foi ao cinema assistir ao filme *Um gato contador de histórias*.

   Sabendo que Tales chegou ao cinema $\frac{1}{4}$ de hora adiantado e saiu quando terminou o filme, às 19 horas, responda: a que horas ele chegou ao cinema?

   Tales chegou ao cinema às _____.

Setenta e nove

Minuto e segundo

1 Heitor gastou 2 minutos e meio para escovar os dentes (sem se esquecer de fechar a torneira da pia!).

Quantos segundos ele demorou para escovar os dentes?

_____

2 Complete as equivalências.

a) 3 min = _____ s

b) $\frac{1}{3}$ de 1 min = _____ s

c) 7 min = _____ s

d) 300 s = _____ min

e) $\frac{1}{5}$ de 1 min = _____ s

f) 600 s = _____ min

3 Silvana participou de uma prova de ciclismo em que tinha de dar 5 voltas na pista.

Com base no tempo gasto em cada volta, quanto tempo ela levou para completar a prova?

SILVANA	
1ª volta	3 min e 2 s
2ª volta	3 min e 10 s
3ª volta	2 min e 58 s
4ª volta	3 min e 5 s
5ª volta	3 min e 15 s
Tempo total	

Silvana levou _____ minutos e _____ segundos para completar a prova.

4 Estime o tempo que você leva para realizar cada atividade.

a) Tomar banho. ▶ _____

b) Arrumar a cama. ▶ _____

c) Ir até a escola. ▶ _____

d) Abrir um pacote de bolacha. ▶ _____

Tema 1 | Medidas de tempo

Milênio, século, década e ano

1. O famoso arquiteto brasileiro Oscar Niemeyer nasceu em 15 de dezembro de 1907 e morreu em 5 de dezembro de 2012. Ele viveu mais de um século ou menos de um século?

   _____

Oscar Niemeyer, em 2011.

2. Complete as equivalências.

   a) 8 décadas = _____ anos

   b) 5 séculos = _____ décadas

   c) 3 milênios = _____ anos

   d) 2 milênios = _____ séculos

3. Complete as frases.

   a) 50 anos é o mesmo que _____ século.

   b) Meio milênio é o mesmo que _____ anos.

   c) _____ décadas é o mesmo que 1 século.

   d) _____ anos é o mesmo que 3 décadas.

4. Descubra o ano de fundação da cidade onde Carolina mora.

   > Sete décadas antes de eu nascer, foi comemorado o 3º século da fundação de minha cidade.
   > No ano de 2017, fiz 30 anos de idade.

A cidade onde Carolina mora foi fundada em _____.

Tonelada, quilograma e grama

1 Resolva o problema calculando mentalmente. Em um zoológico há 2 rinocerontes, um com massa igual a 1 500 kg e outro com massa igual a 2 500 kg. Qual é a massa, em tonelada, dos 2 rinocerontes juntos?

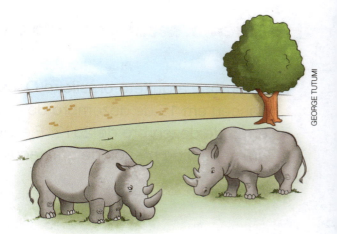

_____

2 Luana foi ao supermercado e comprou 5 pacotes de queijo ralado. Cada pacote contém 250 g de queijo.

a) Quantos gramas de queijo ralado ela comprou?

_____

b) Ela comprou mais ou menos de 1 kg de queijo ralado?

_____

3 Observe a massa de cada embalagem e calcule a massa, em grama, dos alimentos.

⬠ = 1 kg   ● = $\frac{1}{2}$ kg   ▮ = $\frac{1}{4}$ kg   ▽ = 200 g   ▲ = 100 g

a)

c)

e)

b)

d)

f)

Tema 2 | Medidas de massa

Grama e miligrama

1. Complete.

> Preciso de 1 grama de um produto, mas só tenho 500 mg dele. Faltam _____ mg desse produto.

2. Observe os produtos abaixo e complete.

Essa embalagem contém _____ mg de pó para fazer suco.

Essa embalagem contém _____ mg de pó para fazer gelatina.

3. Em cada caso, pinte as figuras que, juntas, completam exatamente 1 grama.

a) (3 000 mg)   (300 mg)   (600 mg)   (250 mg)   (100 mg)

b) ⬡ 850 mg ⬡   ⬡ 1 500 mg ⬡   ⬡ 150 mg ⬡   ⬡ 2 500 mg ⬡   ⬡ 8 500 g ⬡

4. Complete as equivalências.

a) 3 g = _____ mg

b) 6 000 mg = _____ g

c) 1,5 g = _____ mg

d) 18 000 mg = _____ g

e) 8 500 mg = _____ g

f) 4 g = _____ mg

g) 12 000 mg = _____ g

h) $\frac{1}{4}$ g = _____ mg

Oitenta e três

Tema 3 | Medidas de capacidade

Litro e mililitro

1 Faça estimativas e escreva a unidade de medida de capacidade adequada em cada caso: mℓ ou ℓ.

a) 250 _____

Leite na mamadeira

b) 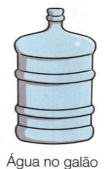 20 _____

Água no galão

2 Para a limpeza dos vidros de um prédio, foram usadas 20 embalagens de 250 mililitros de detergente. Quantos litros foram utilizados ao todo?

Foram utilizados ao todo _____ litros de detergente.

3 Calcule mentalmente.

Se a torneira de uma pia ficar aberta por 1 minuto, serão consumidos 6 litros de água. A cada minuto é consumida a mesma quantidade de água.

Quantos litros de água serão consumidos se essa torneira ficar aberta por 5 minutos? _____

4 As jarras a seguir têm 1 litro de capacidade. Observe a quantidade de líquido existente em cada uma e pinte o quadro com a quantidade que completa 1 litro em cada caso.

a)

700 mℓ

900 mℓ

b)

400 mℓ

600 mℓ

c)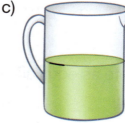

500 mℓ

300 mℓ

Compreender Informações

Após fazer uma pesquisa sobre preços de materiais escolares em diferentes papelarias, Augusto inseriu esses dados em uma planilha eletrônica.

	A	B	C	D	E
1	Loja	Preço do caderno	Preço do lápis	Preço da borracha	
2	Papelaria Mais	6,90	2,30	4,25	
3	Caderno e Cia	8,50	1,95	6,98	
4	Escola e escritório	6,20	2,10	7,69	
5	Papel Mágico	7,90	2,00		

Considerando essa planilha, sabendo que todos os preços estão em reais, responda:

a) Que informações estão na coluna B? _____

b) Que informações estão na linha 4? _____

c) Se o preço da borracha da loja Papel Mágico é o menor, dê um exemplo possível de preço. _____

Quebra-Cuca

Cinco cãezinhos – Mel, Flocão, Briguento, Feroz e Coceira – moram em cinco casas vizinhas. Descubra quem mora em qual casa seguindo as dicas dos próprios cãezinhos.

Mel: Moro antes da 3ª casa.
Flocão: Moro na 4ª casa.
Briguento: Eu não preciso dar nenhuma dica.
Feroz: Moro depois da casa de Flocão.
Coceira: Moro em uma casa antes da casa da Mel.

1ª casa   2ª casa   3ª casa   4ª casa   5ª casa

Lembretes — UNIDADE 8 — Mais Geometria

Segmento de reta, reta e semirreta

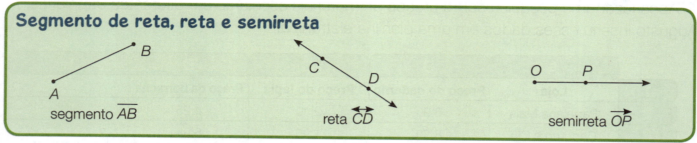

segmento $\overline{AB}$ — reta $\overleftrightarrow{CD}$ — semirreta $\overrightarrow{OP}$

Retas

Retas paralelas

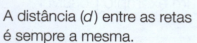

A distância (*d*) entre as retas é sempre a mesma.

Retas concorrentes

As retas se cruzam em um único ponto.

Retas perpendiculares

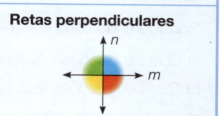

São duas retas concorrentes que formam 4 ângulos retos.

Simetria

Figura que tem simetria

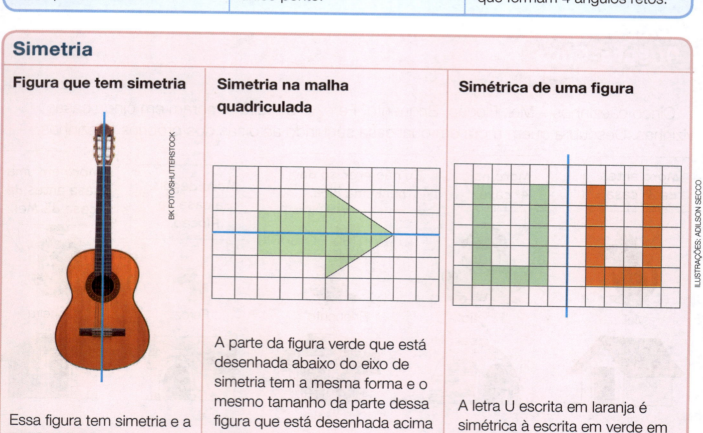

Essa figura tem simetria e a linha azul é o eixo.

Simetria na malha quadriculada

A parte da figura verde que está desenhada abaixo do eixo de simetria tem a mesma forma e o mesmo tamanho da parte dessa figura que está desenhada acima do eixo.

Simétrica de uma figura

A letra U escrita em laranja é simétrica à escrita em verde em relação ao eixo azul.

Tema 1 | Localização e movimentação

Malha quadriculada

1. Começando do ponto marcado em preto, siga as instruções e trace o caminho percorrido no quadriculado.

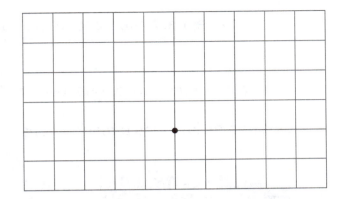

2. Invente um caminho que comece pelo ponto azul, passe pelo ponto verde e termine no ponto amarelo. Seu caminho deve, necessariamente, usar as linhas verticais e horizontais da malha quadriculada.

- Agora, indique, com setas as instruções do seu caminho.

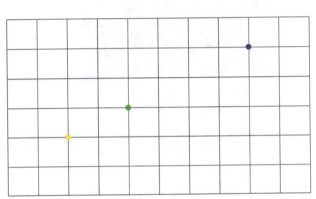

3. Associe cada caminho a sua instrução:

a)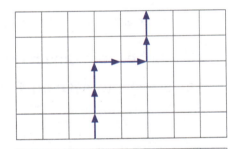

b)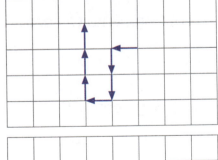

c)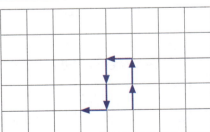

Oitenta e sete 87

Segmento de reta, reta e semirreta

1 Com uma régua, tente traçar retas que passem por estes 2 pontos.

• •

- Você conseguiu traçar quantas retas? _____

2 Observe as imagens e responda às questões.

Estrada no Deserto de Atacama, em 2015.

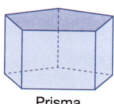
Prisma

Triângulo

a) Na estrada, as linhas brancas laterais lembram uma reta ou um segmento de reta? _____

b) As arestas do prisma são retas ou segmentos de reta? _____

c) E os lados do triângulo? _____

3 Desenhe, com uma régua, os segmentos de reta descritos abaixo.

a) Segmento $\overline{AB}$ com 4 cm de comprimento.

b) Segmento $\overline{CD}$ com 2,5 cm de comprimento.

c) Segmento $\overline{EF}$ com 38 mm de comprimento.

d) Segmento $\overline{GH}$ com 15 mm de comprimento.

Tema 1 | Localização e movimentação

Retas paralelas e retas concorrentes

1. Observe as figuras e responda.

   Em cada caso, as retas *o* e *p* representadas são paralelas ou concorrentes? Por quê?

   a)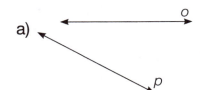

   b)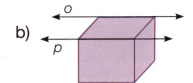

   c)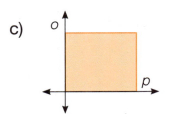

   d)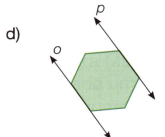

2. Observe e responda.

   Pegue uma folha de papel retangular e dobre-a ao meio, juntando A com C e B com D. A linha formada pelo prolongamento da dobra e as retas $\overleftrightarrow{AB}$ e $\overleftrightarrow{CD}$ formadas pelos prolongamentos dos lados da folha dão ideia de retas paralelas ou concorrentes?

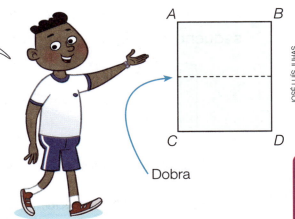

Retas perpendiculares

Tema 1 | Localização e movimentação

1 Observe, em cada caso, as retas concorrentes e os ângulos destacados e, em seguida, faça o que se pede.

Figura 1

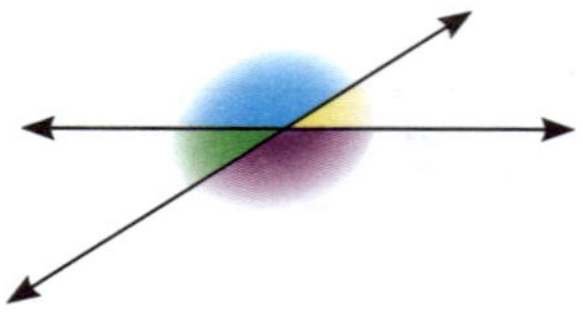

Figura 2

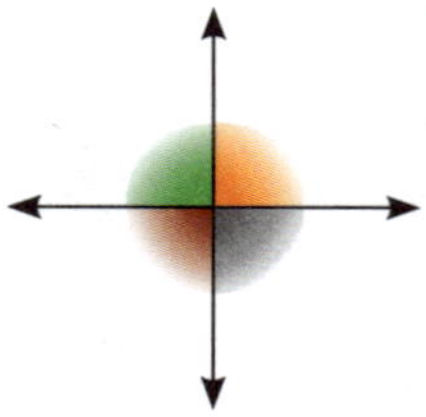

a) Pegue uma folha de papel sulfite e compare a abertura do ângulo reto (do canto da folha) com cada um dos ângulos destacados. Depois, complete os quadros.

Figura 1

Cor da abertura do ângulo	Ângulo reto, agudo ou obtuso?
 verde	
 roxo	
 azul	
 amarelo	

Figura 2

Cor da abertura do ângulo	Ângulo reto, agudo ou obtuso?
 verde	
 marrom	
 preto	
 laranja	

b) Qual das figuras acima representa retas perpendiculares? _____

2 Observe e marque com X a alternativa que descreve a posição das retas na sequência abaixo.

☐ Paralelas, concorrentes, perpendiculares, paralelas, paralelas, perpendiculares.

☐ Paralelas, concorrentes, paralelas, perpendiculares, paralelas, perpendiculares.

☐ Paralelas, concorrentes, perpendiculares, concorrentes, paralelas, perpendiculares.

Tema 2 | Simetria

Figuras que têm simetria

1 Com o auxílio de uma régua, trace o eixo de simetria de cada figura.

a)

b)

c)

d)

2 Marque apenas as figuras que apresentam simetria em relação ao eixo azul traçado.

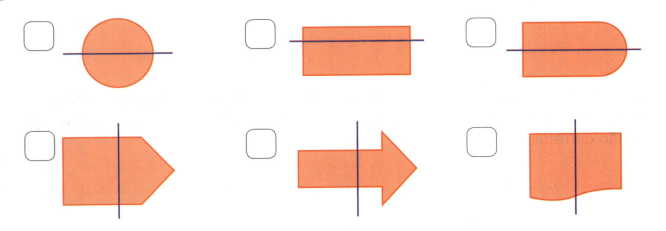

3 Alguma figura não assinalada na atividade 2 tem simetria? Explique.

Noventa e um

Simetria na malha quadriculada

1. Esta figura apresenta simetria e uma de suas partes foi desenhada na malha quadriculada a seguir.

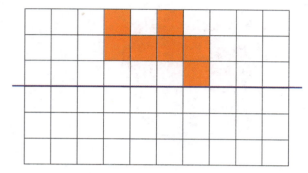

Complete a figura sabendo que a linha azul é o eixo de simetria.

2. Desenhe a outra parte da figura, em cada caso, sabendo que a linha azul é o eixo de simetria. Utilize a régua para que o desenho fique mais adequado.

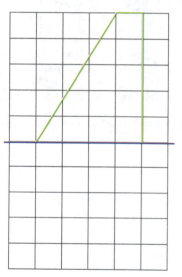
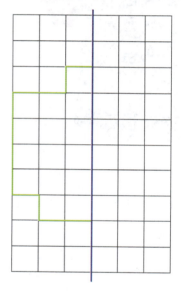

3. Na malha quadriculada seguinte, desenhe uma figura que apresente simetria e seu eixo de simetria. Em seguida, troque com um colega e verifique se as figuras estão corretas.

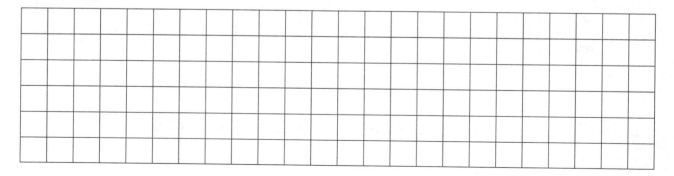

Simétrica de uma figura

Tema 2 | Simetria

1. Observe as figuras e assinale apenas os casos em que há figuras simétricas em relação ao eixo azul.

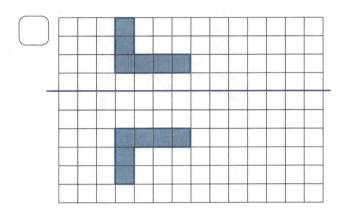
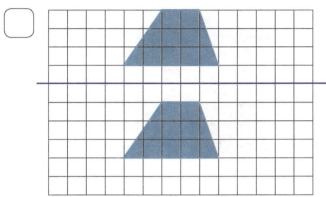
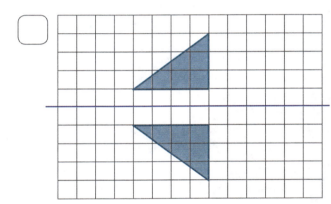
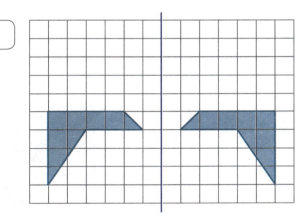

2. Considere que a linha azul é um espelho e desenhe, em cada caso, a simétrica da letra.

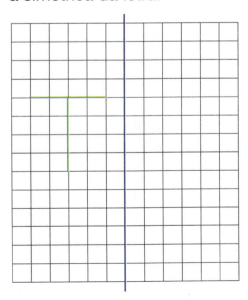
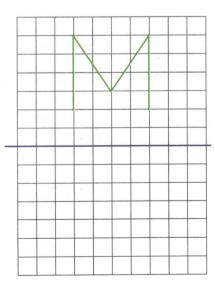
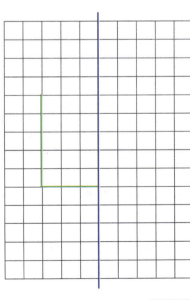

Mosaicos

Tema 2 | Simetria

1. Sabendo que os mosaicos seguintes apresentam simetria em relação ao eixo verde, complete-os.

a)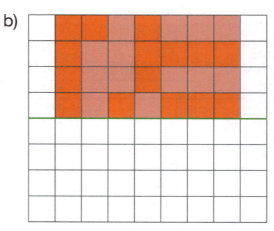

b)

2. Observe os mosaicos a seguir.

1º mosaico

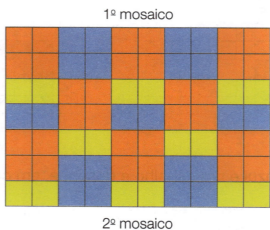

2º mosaico

a) Qual deles apresenta uma sequência de figuras que formam um padrão?

_____

b) Trace, no mosaico que for possível, um eixo de simetria.

_____

94 Noventa e quatro

Compreender Informações

A clínica dentária Sorriso atende a pacientes de diferentes idades. Observe o gráfico com o número de consultas ao longo de 4 meses, conforme a faixa de idade dos pacientes.

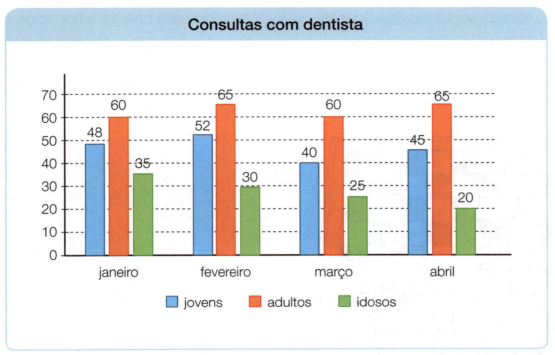

Fonte: Clínica Sorriso

Considerando esses dados, responda.

a) O que indicam as barras da cor verde? _____

_____

b) Em que mês foram atendidos mais jovens? _____

c) Em que mês foram atendidos menos idosos? _____

d) Assinale a afirmação correta:

☐ Não houve nenhum mês com o mesmo número de pacientes adultos, quando comparado a outros meses.

☐ Em janeiro foram atendidos mais de 120 pacientes no total.

☐ Abril foi o mês com o menor número de jovens atendidos.

e) A Clínica Sorriso tem a intenção de que pelo menos metade dos seus pacientes sejam adultos. Há algum mês em que a clínica conseguiu atingir essa meta?

_____

Quebra-Cuca

O cavalo

No jogo de xadrez, o cavalo se movimenta formando a letra L (seguindo duas casas para frente e uma para direita ou para esquerda).

Observe os 8 movimentos diferentes que ele pode fazer:

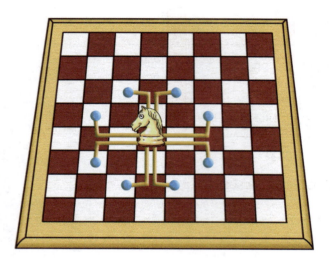

- Agora, desenhe no tabuleiro a seguir um caminho que o cavalo pode fazer para chegar à casa indicada em verde. Use linhas de cores diferentes para cada movimento.

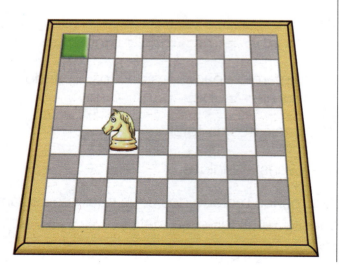

Abelha matemática

A abelha precisa seguir determinado caminho para chegar à flor onde está seu alimento. Por meio das pistas abaixo, descubra a flor em que a abelha está, qual caminho ela deve percorrer e a flor que possui o alimento.

1º Ligue o número da **flor em que a abelha está** ao seu triplo subtraído de 2.

2º Subtraia 11 e ligue ao resultado.

3º Subtraia sua metade, acrescente 1 e ligue ao resultado.

4º Multiplique por 3 e ligue.

5º Divida por 3, acrescente 6 e ligue à flor onde está o alimento.

ILUSTRAÇÕES: GEORGE TUTUMI

A abelha saiu da flor _____ e encontrou o alimento na flor _____.